古典文獻研究輯刊

二十編

潘美月・杜潔祥 主編

第 10 冊

馬王堆帛書《周易》經傳研究

劉 彬 著

國家圖書館出版品預行編目資料

馬王堆帛書《周易》經傳研究／劉彬 著 -- 初版 -- 新北市：花
木蘭文化出版社，2015〔民 104〕
目 2+168 面；19×26 公分
（古典文獻研究輯刊 二十編：第 10 冊）
ISBN 978-986-404-091-9（精裝）
1. 易經　2. 研究考訂
011.08　　　　　　　　　　　　　　　　　　103027401

ISBN-978-986-404-091-9

9 789864 040919

古典文獻研究輯刊
二十編　第 十 冊　　　　　ISBN：978-986-404-091-9

馬王堆帛書《周易》經傳研究

作　　　者　劉彬
主　　　編　潘美月　杜潔祥
總 編 輯　杜潔祥
副總編輯　楊嘉樂
編　　　輯　許郁翎
企劃出版　北京大學文化資源研究中心
出　　　版　花木蘭文化出版社
社　　　長　高小娟
聯絡地址　235 新北市中和區中安街七二號十三樓
　　　　　　電話：02-2923-1455／傳眞：02-2923-1452
網　　　址　http://www.huamulan.tw 信箱 hml810518@gmail.com
印　　　刷　普羅文化出版廣告事業
初　　　版　2015 年 3 月
定　　　價　二十編 24 冊（精裝）台幣 42,000 元

馬王堆帛書《周易》經傳研究

劉　彬　著

作者簡介

劉彬，字於易，男，1965 年生，山東滕州人，哲學博士，清華大學博士後，曲阜師範大學孔子文化研究院教授，碩士生導師，山東大學易學與中國古代哲學研究中心兼職教授，山東周易研究會常務理事，山東孔子學會理事，中國孔子研究院特聘研究員。長期學習和研究易學，在象數易學、出土易學文獻研究等方面有較深造詣。在《中國哲學史》、《周易研究》、《孔子研究》等期刊發表學術論文 30 餘篇，出版《帛書〈要〉篇校釋》、《〈易緯〉占術研究》等專著，主持國家社會科學基金項目「帛書《衷》篇新校新釋」，主持教育部社會科學基金項目「帛書《易傳》新釋暨孔子易學思想研究」等課題。

提　要

　　本書是本人 2006 年 6 月至 2008 年 6 月在清華大學人文學院博士後流動站期間，所完成的博士後研究報告。馬王堆帛書《周易》，包括《易經》和《易傳》，《易經》由六十四卦符號以及卦爻辭組成，《易傳》由《二三子問》、《繫辭》、《衷》、《要》、《繆和》、《昭力》等六篇組成。本書即是對帛書《周易》經傳的初步研究，其內容包括三部分：

　　一、帛書《要》篇釋文後兩章校釋。《要》篇釋文至今（2008 年 6 月）發表八種，研究成果豐富，但有兩個基礎性的重要問題值得關注：第一，八種釋文彼此多有出入。第二，文本詞語意義理解存在諸多分歧。這兩個問題直接影響對《要》篇的深入研究。本書針對這兩個問題，選取《要》篇釋文的最後兩章——「夫子老而好《易》」章和孔子論「《損》《益》一卦」章，對照圖版照片，對其八種釋文以及校釋成果進行全面檢討，在此基礎上提出自己一些新的看法。

　　二、帛書《要》篇「五正」考釋。《要》篇「五正」一詞，很受學者重視，看法很多。本書在分析學者意見基礎上，認為「五正」一詞，乃為古代易學講君道的特定術語。其內容是帝王取度於身所建立的規矩繩權衡五種法度，與八卦中的某些卦、四時和五方等相配納，而形成的易學模式。

　　三、子夏與《歸藏》關係初探——兼及帛書《易經》卦序的來源。本書通過考證孔子弟子子夏與《歸藏》關係，認為子夏瞭解、掌握《歸藏》，並傳承之。帛書《易經》的卦序，表明它應屬於《歸藏》系統，而其來源可能與子夏有關。

目

次

前　言

　　本書是本人 2006 年 6 月至 2008 年 6 月在清華大學人文學院博士後流動站期間，所完成的博士後研究報告。1973 年 12 月，湖南長沙馬王堆三號漢墓出土帛書，其中包括《周易》經傳。帛書《易經》由六十四卦符號以及卦爻辭組成，帛書《易傳》由《二三子問》、《繫辭》、《衷》、《要》、《昭力》、《繆和》等六篇組成。帛書《周易》經傳從出土至今，學者對其進行了艱辛廣泛的研究，取得豐碩、重要的成果，但也存在很多問題需要繼續深入探討。本書選取其中三方面問題進行研究：

　　第一，帛書《易傳》中，《要》篇釋文至今（2008 年 6 月）已發表八種，研究成果豐富，但有兩個基礎性的重要問題值得關注：第一，八種釋文彼此多有出入。第二，文本詞語意義理解存在諸多分歧。這兩個問題直接影響對《要》篇的深入研究。本書針對這兩個問題，選取《要》篇釋文的最後兩章──「夫子老而好《易》」章和孔子論「《損》《益》一卦」章，對照圖版照片，對其八種釋文以及校釋成果進行全面檢討，在此基礎上提出自己一些新的看法。

　　這方面研究構成本書第一部分：帛書《要》篇釋文後兩章校釋。

　　第二，《要》篇「五正」一詞，很受學者重視，對此發表很多觀點。通過檢討這些觀點，筆者認爲「五正」涵義的問題還沒有得到解決，有必要繼續探討。本書在借鑒學者研究成果基礎上，對「五正」的基本含義以及《要》篇「五正」的易學涵義兩個問題進行考證。

　　這方面的研究構成本書第二部分：帛書《要》篇「五正」考釋。

　　第三，帛書《易經》卦序與今本《易經》卦序不同，其六十四卦之序是

由上卦與下卦按一定規則重合而成，自成一獨特系統，其來源問題一直是一個謎。本書通過考證孔子弟子子夏與《歸藏》的關係，以及帛書《易經》下卦之序與傳本《歸藏・初經》卦序完全相同的現象，對帛書《易經》卦序來源與子夏的可能關係進行了考證。

這方面的研究構成本書第三部分：子夏與《歸藏》關係初探——兼及帛書《易經》卦序的來源。

一、帛書《要》篇釋文後兩章校釋

1、緒　論

（一）帛書《要》篇原件情況

1973 年 12 月，湖南長沙馬王堆三號漢墓出土帛書，其中包括《周易》經傳。帛書《易經》由六十四卦符號以及卦爻辭組成，帛書《易傳》由《二三子問》、《繫辭》、《衷》、《要》、《昭力》、《繆和》等六篇組成。帛書《周易》經傳抄寫在兩幅絲帛上，《要》篇同《繫辭》、《衷》、《繆和》、《昭力》同抄寫在一幅寬四十八釐米的黃色絲帛上，朱欄墨書，字體爲較規範的八分隸書。它緊接《衷》，另起一行，頂端有墨丁標誌。文末有標題《要》，並記字數「千六百冊（四十）八」。後接《繆和》篇。

據介紹，馬王堆帛書出土後，即運往北京故宮博物院進行揭裱處理，帛書原物經專門的書畫裝裱師分開揭裱和進行消毒以及各種技術處理，然後再拍成照片。帛書原件揭裱後，大部分進行了單頁托裱，《要》篇等帛書《易傳》就是單頁托裱的。《要》篇帛片已經斷裂成上下兩部分。因當時揭片時，沒能科學地留下圖象資料，故在托裱時，許多殘片、碎片已極難復原。因此，在托裱好的帛片上，多有錯拼誤綴之處。此外，帛書原件還保留了幾十張殘字和碎片，這些殘片往往是補缺和綴合的重要材料。〔註1〕可見，帛書《要》篇原件主要以托裱的帛片形式存在，一些碎片也可能有《要》篇的內容。

〔註 1〕陳松長《帛書〈易傳〉整理的幾個問題》，陳鼓應主編《道家文化研究》第十八輯，三聯書店，2000 年 8 月，第 312～313 頁。

（二）帛書《要》篇八種釋文概述

帛書《要》篇由於內容很重要，很受學者的重視。學者根據照片或原件對《要》篇進行了整理，已發表釋文八種（至 2008 年 6 月），按時間先後具體情況是：

（1）陳松長、廖名春《帛書〈二三子問〉、〈易之義〉、〈要〉釋文》，其中第三部分是《〈要〉釋文》，載陳鼓應主編的《道家文化研究》第三輯（馬王堆帛書專號），第 434～435 頁，上海古籍出版社 1993 年 8 月出版。此《要》篇釋文在本書中簡稱「《陳廖》」。

據作者之一的廖名春先生介紹，此文的寫作情況是：「本篇帛書最初由筆者和陳松長先生各自作出釋文，筆者統一修改後，再交李學勤先生審校。筆者將李先生的審定稿寄給陳松長先生核對原件，加以校改。在此基礎上，再由筆者定稿，以陳松長和筆者的名義發表於《道家文化研究》第三輯。」本釋文在篇首說明：「帛書原件已斷裂殘碎，經拼接復原。尚有若干零碎殘片，有待進一步試綴。」可見《陳廖》本是根據照片寫出釋文，然後核對原件，反覆校改，並做過拼接復原的工作。

本釋文使用通行字體，如亓作其，荆作刑，耂作者，胃作謂，朕作勝，等等。

（2）池田知久《馬王堆漢墓帛書〈要〉篇的研究》，其中第二節是《馬王堆漢墓帛書〈周易〉之〈要〉篇釋文》，載《東洋文化研究所紀要》（日本東京大學）第 123 冊，第 135～200 頁，1994 年 2 月出版。此第二節包括「經文」、「訓讀」和「注」三部分。「經文」即反映「照相版」原貌和作者整理工作情況的釋文。此釋文後來由牛建科譯為漢語，分為上下兩部分，其上部分載於《周易研究》1997 年第 2 期，第 20～32 頁，1997 年 6 月出版；下部分載於《周易研究》1997 年第 3 期，第 6～19 頁，1997 年 9 月出版。此《要》篇釋文在本書中簡稱「《池田 A》」。

本釋文「凡例」說明：「所用底本是筆者借到的『馬王堆漢墓《周易》帛書』的影印件」，此影印件指 1989 年冬作者借到的帛書《周易》（包括《六十四卦》和六篇《易傳》）全體的「照相版」的正片，可見《要》篇釋文是根據照片所作。

據說，在《池田 A》尚未正式發表時，我國學界已有複印本流傳﹝註2﹞。

﹝註2﹞ 王博《〈要〉篇略述》，《道家文化研究》第六輯，上海古籍出版社，1995 年 6

（3）池田知久《〈馬王堆漢墓帛書周易〉要篇的思想》，其中第三節《〈馬王堆漢墓帛書周易〉要篇之經文》是《要》篇的釋文，載《東洋文化研究所紀要》（日本東京大學）第 126 冊，第 17～25 頁，1995 年 1 月出版。本釋文又以《帛書〈要〉釋文》爲名，轉載於朱伯崑主編的《國際易學研究》第一輯，第 40～45 頁，華夏出版社 1995 年 1 月出版。此釋文在本書中簡稱「《池田 B》」。

作者此時看到了《陳廖》。在此文第二節《陳松長、廖名春「帛書〈要〉釋文」之檢討》中，作者對《陳廖》與《池田 A》不同之處逐一作了討論，認爲有些地方《陳廖》是正確的。在此基礎上，他改定了《要》篇釋文的復原本，列爲此文的第三節。

此文正式刊出前，也已在我國學界流傳。

（4）廖名春《帛書〈要〉釋文》，載朱伯崑主編《國際易學研究》第一輯，第 26～29 頁，北京華夏出版社 1995 年 1 月出版。此釋文在本書中簡稱「《廖 A》」。

據作者卷首說明，《陳廖》發表後，作者又於 1994 年 8 月在劉夢溪主編的《中國文化》第十期上發表了《帛書釋〈要〉》一文，對《陳廖》作了一些補正。後來讀到《池田 A》和《池田 B》，吸收了其釋「溥」、「繫」等字的意見。可見，《廖 A》是在《陳廖》、《帛書釋〈要〉》、《池田 A》和《池田 B》的基礎上完成的。

（5）廖名春《馬王堆帛書周易經傳釋文》，其中第五部分是《要》篇的釋文，載《續修四庫全書》經部易類第 1 冊，第 36～39 頁，上海古籍出版社 1995 年出版。此釋文在本書中簡稱「《廖 B》」。

據此文「跋」可知，《廖 B》是在《陳廖》基礎上，參考《池田 A》修訂而成的。

（6）廖名春《馬王堆帛書周易經傳釋文》，第五部分是《要》篇釋文，載楊世文等編《易學集成》（三），第 3042～3045 頁，四川大學出版社 1998 年 9 月出版。此釋文在本書中簡稱「《廖 C》」。

作者於卷首說明：「釋文原刊於《續修四庫全書》第 1 冊，這次筆者又作了諸多改進，代表了筆者的最新認識。應該指出，本釋文吸收了許多學人的成果，如……李學勤、陳松長……池田知久等……」可見《廖 C》是在《廖 A》、

月，第 321 頁。

《廖 B》的基礎上，進一步修訂而成的，較全面地代表了作者的釋文研究成果。

（7）廖名春《帛書〈要〉釋文》，載氏著《帛書〈易傳〉初探》，第 278 ～280 頁，臺北文史哲出版社 1998 年 11 月出版。此釋文在本書中簡稱「《廖 D》」。

由該書「自序」，可知《廖 D》基本同於《廖 B》，只是對《廖 B》又訂正了幾字。在書後「附錄二」中，附有《要》篇的三幅圖版。

（8）裘錫圭先生於上世紀七十年代寫成的《帛書〈要〉篇釋文》，見氏著《帛書〈要〉篇釋文校記》，載陳鼓應主編《道家文化研究》第十八輯，第 279～310 頁，北京三聯書店 2000 年 8 月出版。此釋文在本書中簡稱「《裘文》」。

由《帛書〈要〉篇釋文校記》卷首可知，1976 年下半年或 1977 年，作者從馬王堆漢墓整理小組中一位從事《周易》整理的先生那裡，借來了經過初步整理的帛書《周易》的照片。依據照片，作出《二三子問》、《要》、《繆和》、《昭力》等篇的釋文，供自己參考，沒有發表。直到 2000 年 8 月《要》篇釋文才在《帛書〈要〉篇釋文校記》中發表出來。

據介紹，帛書《要》篇釋文的「定本」，本來已定好在文物出版社出版的《馬王堆漢墓帛書》第二輯上發表。〔註3〕現在《馬王堆漢墓帛書》第一、第三、第四輯已分別於 1980、1983、1985 年出版，〔註4〕而第二輯還遲遲不見面世。雖然《要》篇釋文的定本還沒有發表，但什麼也不做乾等著定本出來，再做研究，也實在沒有必要。上述八種釋文，是學者根據照片或原件做出來的，諸本之間有一些分歧是完全正常的，何況分歧只是很少數，大部分內容是相同的。即使將來「定本」發表出來，恐怕也不敢說「定本」就是十全十美的絕對版本，就是研究《要》篇的唯一底本依據。對此「定本」，學者根據照片或原件，也完全可以進行研究，提出與「定本」不同的看法，就像學者對《馬王堆漢墓帛書》壹、參、肆上發表的釋文進行研究一樣。即使將來「定本」發表了，也不能說上述八種釋文就沒有意義了，因為「定本」說到底也

〔註3〕 陳松長《帛書〈易傳〉整理的幾個問題》，陳鼓應主編《道家文化研究》第十八輯，北京：三聯書店，2000 年 8 月，第 313～314 頁。

〔註4〕 國家文物局古文獻研究室編《馬王堆漢墓帛書》壹，北京：文物出版社，1980 年。馬王堆漢墓帛書整理小組《馬王堆漢墓帛書》三，北京：文物出版社，1983 年。馬王堆漢墓帛書整理小組《馬王堆漢墓帛書》肆，北京：文物出版社，1985 年。

只是一種釋文，只不過是更「權威」的一種釋文。在學術研究的地位上，它應和其他八種釋文（更準確地說還應包括將來根據照片或原件做出並發表的）一樣，成爲學者研究《要》篇的引文依據，或成爲學者進一步研究釋文的基礎文獻。

上述八種釋文的研究工作和先後發表情況，體現了一種正常的、良好的學術互動。各種釋文的一些分歧，恰恰引起作者的注意，使得他們互相借鑒吸收，不斷修正自己的觀點，而取得新的釋文成果。如《池田B》借鑒吸收了《陳廖》的一些意見。《廖B》在《陳廖》基礎上，參考了《池田A》的見解。《廖A》是在《陳廖》基礎上做出的，並吸收了《池田A》、《池田B》的一些看法。《廖C》則是在《廖A》、《廖B》的基礎上，進一步修訂而成的。因此，各種釋文的相續發表，促使對《要》篇的釋讀不斷趨向完善。因此，在帛書《要》篇釋文整理的過程中，「出現了多人爭發釋文的『熱鬧』局面」，〔註5〕並不是壞事，它正反映了學術的繁榮。

因此，上述八種釋文有重要的意義：它是學者研究《要》篇的引文依據，是學者進一步研究《要》篇釋文的基礎文獻。事實上，學者對《要》篇的研究，就是以這些釋文爲依據而展開的。

（三）帛書《要》篇釋文校釋現狀以及存在問題

在帛書《易傳》六篇中，《要》篇最短，但由於其內容對古代學術史、古代易學以及古代儒學等意義重大，因此自出土以來，就引起學者的高度重視。學者依據已發表的上述釋文，從文字校勘、詞語考釋、史實考證以及思想闡發等方面進行了多方面的研究，取得了很多重要的成果。這裡主要對《要》篇釋文的校釋即文字校勘、詞語考釋以及史實考證三方面的研究狀況，以及存在問題，作一概述。

第一，對《要》篇釋文全文的校釋。

隨著上述八種釋文的相續發表，學者也展開了對這些釋文的校釋工作。

池田知久、廖名春、李學勤、鄧球柏、趙建偉、裘錫圭和郭沂諸位先生先後分別發表了對《要》篇全文的或校讀、或考釋、或校釋的文章。

池田知久先生於1994年2月發表《馬王堆漢墓帛書〈要〉篇的研究》，第二節是《馬王堆漢墓帛書〈周易〉之〈要〉篇釋文》，其中包括三部分，除

〔註5〕陳松長《帛書〈易傳〉整理的幾個問題》，陳鼓應主編《道家文化研究》第十八輯，北京：三聯書店，2000年8月，第311頁。

上述的「經文」即《池田 A》釋文外，還有「訓讀」和「注」。在「訓讀」中，作者將認為錯誤的帛書碎片進行重新綴合，標出假借字和正字，補出奪字和缺字，刪除衍字。在「注」中，疏解詞語，分析與傳世文獻關係，考證史實。「訓讀」和「注」這兩部分實際上是對《要》篇全文的校釋，這也是學術界首次對《要》篇全文進行的校釋，在學界產生了很大影響。

廖名春先生於 1994 年 8 月發表《帛書釋〈要〉》，載《中國文化》第 10 期，第 63～76 頁。這也是學界較早全面考釋帛書《要》篇的重要論文。該文對自己與陳松長先生合作、發表於《道家文化研究》第三輯上的釋文（即《陳廖》）又作了一些改正，對其與今本《繫辭》相同的部分作了詳盡的考證，對「夫子老而好易」和孔子論「損益」段從文字、音韻、訓詁幾方面進行了考釋，又用相關的歷史文獻進行比較，提出了一些重要見解。

李學勤先生於 1994 年 10 月發表《帛書〈要〉篇及其學術史意義》，載《中國史學》1994 年第 10 期，第 81～88 頁；於 1998 年發表《帛書〈要〉篇的〈損〉〈益〉說》，載《出土文獻研究》第三集。這兩篇論文依據《陳廖》釋文，對《要》篇全文進行概觀，在篇章結構、文字校讀、史實考證等方面提出很多精闢見解，並就《要》篇所提供的新文獻，討論了「孔子學《易》」等學術公案，有力推動了這方面的研究。

鄧球柏先生於 1996 年 8 月由湖南出版社出版《帛書周易校釋》（增訂本）一書，其中第 477～487 頁是對《要》篇的校釋。據該書「修訂重版後記」，其《要》篇釋文依據的是《道家文化研究》和《國際易學研究》上公佈的原文，即《陳廖》、《廖 A》和《池田 B》。從文中看，作者沒有直接採用這三種釋文的一種，而是雜採《陳廖》、《廖 A》以及《池田 B》，形成一種新的釋文。該校釋對釋文的缺字補了兩處，對一些字辭作了簡單的訓詁，並對釋文內容作了簡單翻譯。

趙建偉先生於 2000 年 1 月由臺北萬卷樓圖書有限公司出版了《出土簡帛〈周易〉疏證》一書，其中第 265～274 頁的第六部分是「《要》疏證」。該部分包括「原文」和「疏證」，其「原文」所依據的底本是不清楚的，因為作者沒有說明。從其內容看，該原文（即《要》篇釋文）直接採用了《陳廖》釋文。對其中的幾處文字，又通過王博《〈要〉篇略論》採用了《池田 A》的意見。該文對一些字辭作了簡要的疏證。

裘錫圭先生於 2000 年 8 月發表《帛書〈要〉篇釋文校記》，載《道家文

化研究》第十八輯，第 279～310 頁，北京三聯書店出版。該文針對《陳廖》、《池田 A》、《池田 B》和《廖 A》四種釋文彼此互有出入的情況，利用以前的釋文即《裘文》，寫了校記。在「校記」中，作者列出五種釋文（《陳廖》、《池田 A》、《池田 B》、《廖 A》以及《裘文》），然後對其分歧處逐一進行了討論。文章寫成後，作者又借得帛書《要》篇未經整理的照片，核對以後，發現有需要改正或補充之處，又以加「校按」的方式進行了補救。

郭沂先生於 2004 年 8 月發表《帛書〈要〉篇考釋》，載《周易研究》2004 年第 4 期，第 36～56 頁。該文依據已經發表的《要》篇五種釋文《陳廖》、《池田 A》、《池田 B》、《廖 A》和《裘文》，加以取捨，補殘字，增奪文，破讀借字，糾正誤讀，闡釋字義，疏證史實，對全篇進行了逐字逐句的整理考辨，對一些問題提出了自己新的見解。從文中分析，作者對釋文的意見，主要依據裘錫圭先生《帛書〈要〉篇釋文校記》，基本上接受的是裘先生的觀點。

上述八篇（種）論著對人們全面釋讀《要》篇作出了重要貢獻。廖名春、池田知久、裘錫圭諸先生作為釋文的作者，李學勤先生作為《陳廖》釋文的審校者，他們的校釋更具有意義。他們對《要》篇釋文文字的校讀、關鍵詞語意義的考釋、史實的考證、有關學術史問題的研究，都是很深入的，提出很多精當的見解。可以說，通過他們的工作，《要》篇校釋的很多問題得到了解決。郭沂先生的論文，對《要》篇的討論甚為詳細，提出的很多新穎見解富有啓發性。鄧球柏和趙建偉兩位先生的論文比較簡要，在某些字詞的訓解上有一定意義。

第二，對《要》篇釋文的某些詞語進行的考釋。

除了上述全面地對《要》篇釋文進行校釋的文章外，在學者發表的其他一些論著中，也對《要》篇的某些詞語進行了考辨，提出很多精闢或富有啓發性的見解。據筆者不完全統計，這些論著約有十八篇（種），茲列如下：

（1）韓仲民《帛書〈繫辭〉淺說——兼論易傳的編纂》，《孔子研究》1988 年第 4 期，頁 23～28，1988 年 4 月；《周易研究》1990 年第 1 期，頁 14～20，1990 年 6 月。

（2）李學勤《從帛書〈易傳〉看孔子與〈易〉》，《中原文物》1989 年第 2 期，頁 41～44，1989 年 6 月；《周易經傳溯源》，頁 224～230，長春：長春出版社，1992 年 8 月。

（3）廖名春《帛書〈要〉簡說》，《道家文化研究》第三輯（馬王堆帛書

專號），頁 202～206，上海：上海古籍出版社，1993 年 8 月。

（4）鄧立光《從帛書〈易傳〉看孔子之〈易〉教及其象數》，《周易研究》1994 年第 3 期，頁 20～29，1994 年 8 月。

（5）李學勤《從〈要〉篇看孔子與〈易〉》，《簡帛佚籍與學術史》，頁 269～275，臺北：時報文化出版公司，1994 年 12 月；《簡帛佚籍與學術史》，頁 259～265，南昌：江西教育出版社，2001 年 9 月。

（6）王博《〈要〉篇略論》，《道家文化研究》第六輯，頁 320～328，上海：上海古籍出版社，1995 年 6 月。

（7）邢文《〈鶡冠子〉與帛書〈要〉》，《道家文化研究》第六輯，頁 336～349，上海：上海古籍出版社，1995 年 6 月。

（8）廖名春《帛書〈易傳〉象數說探微》，《漢學研究》（臺灣）第 13 卷第 2 期（總第 26 號），頁 37～46，1995 年 12 月；《帛書〈易傳〉初探》，頁 201～215，臺北：文史哲出版社，1998 年 11 月。

（9）邢文《帛書周易研究》，頁 149～154，北京：人民出版社，1997 年 11 月。

（10）廖名春《帛書〈二三子〉〈要〉校釋五則》，《國際易學研究》第五輯，北京：華夏出版社，1999 年；廖名春《帛書〈二三子〉〈要〉校釋五題》，《〈周易〉經傳與易學史新論》，頁 124～141，濟南：齊魯書社，2001 年 8 月。

（11）邢文《「損益」與「君道」》，《道家文化研究》第十八輯，頁 316～334，北京：生活・讀書・新知三聯書店出版社，2000 年 8 月。

（12）井海明《簡論帛書〈易傳〉中的卦氣思想》，《周易研究》2002 年第 4 期，頁 45～49 轉頁 54，2002 年 8 月。

（13）劉大鈞《〈周易〉古義考》，《中國社會科學》2002 年第 5 期，頁 142～150，2002 年 10 月；《今、帛、竹書〈周易〉綜考》，頁 122～138，上海：上海古籍出版社，2005 年 8。

（14）梁韋弦《釋帛書易傳〈要〉篇之「五官」「六府」》，《古籍整理研究學刊》2003 年第 3 期，頁 34～37 轉頁 15，2003 年 5 月；《易學考論》，頁 25～34，哈爾濱：黑龍江人民出版社，2005 年 5 月。

（15）饒宗頤《論帛書〈要〉篇損益的天文意義——產道和產氣》，《饒宗頤二十世紀學術文集》（卷三），頁 89～97，臺北：新文豐出版股份有限公司，2003 年 10 月。

（16）梁韋弦《帛書易傳〈要〉篇透漏出的卦氣知識及其成書年代》，《齊魯學刊》2005 年第 3 期，頁 34～38，2005 年 5 月。

（17）丁四新《〈易傳〉類帛書零箚九則》，《周易研究》2007 年第 2 期，頁 12～18，2007 年 4 月。

（18）劉彬《帛書易傳〈要〉篇「五正」考釋》，《周易研究》2007 年第 2 期，頁 12～18，2007 年 4 月。

綜觀學者對《要》篇釋文的校釋，既解決了很多問題，取得豐富的成果，爲人們進一步研究打下良好基礎。同時，也存在不少問題，特別有兩個基礎性的問題較爲突出：

第一，已發表的《要》篇八種釋文，文字上互有出入，有不少異文，這些異文直接影響人們對文本意義的理解。如何看待這些釋文異文，是《要》篇研究的基礎性問題。對此問題，學者的討論還較少，並且很多是零星地涉及，只有裘錫圭先生的《帛書〈要〉篇釋文校記》和郭沂先生的《帛書〈要〉篇考釋》，對此問題進行了較全面的討論，但他們也只論及五種釋文。八種釋文中，《廖 B》、《廖 C》和《廖 D》從沒見人對其討論。因此，學界對《要》篇釋文的研究還存在很大的疏漏，亟需對八種釋文進行全面的比勘研究。

第二，由於《要》篇屬於古代易學文獻，文本詞語除很多爲當時一般詞語外，也有一些當屬於古代易學術語。這些術語除含有當時一般的文化意義外，還含有特定的易學意義。因此，對《要》篇詞語意義的訓詁考釋，首先需要對《要》篇中哪些詞語屬於一般詞語、哪些詞語屬於易學術語進行分判。然後對二者施以不同的研究方法，對一般詞語以一般的訓詁方法研究，對特殊易學術語除進行一般的訓詁研究外，還需要對其易學內涵進行考釋。因此，對《要》篇詞語意義的研究，必須將一般詞語訓詁和特定易學術語考釋這兩個方面結合起來，才能對其詞語意義獲得較準確的把握。但從學者研究來看，有意識地進行這種研究的成果還較少，很多詞語還沒有得到較眞切的訓解，一些訓解存在問題。因此，對《要》篇詞語意義需要進一步的深入研究。

（四）本部分目的、研究思路和內容

上述兩個問題既是《要》篇研究的基礎性問題，也是較困難的問題，它們直接影響了對《要》篇的深入研究，需要下大工夫解決。筆者不揣淺陋，擬針對《要》篇研究的這兩個問題作一嘗試研究，以期對此問題的解決稍盡助力。本部分選取《要》篇最後兩章進行研究。帛書《要》篇共有二十四行，

從第十二行「夫子老而好《易》」至第十八行「祝巫卜筮其後乎」爲一章，記孔子晚年與子貢論《易》，可稱爲「夫子老而好《易》」章。從第十八行的最後兩字至第二十四行末爲一章，記孔子爲其弟子講論《損》《益》一卦，可稱爲孔子論「《損》《益》一卦」章。「夫子老而好《易》」章和孔子論「《損》《益》一卦」章作爲《要》篇最後兩章，很完整，缺文很少，本書即對這兩章釋文進行校釋。

在研究思路上，本部分立足現有研究成果，以《要》圖版照片爲依據，全面搜集現有的對《要》篇釋文最後兩章的校釋成果，並進行檢討，在此基礎上，提出自己的一些校釋意見。

在內容上，本部分包括「《要》篇『夫子老而好《易》』章校釋」和「《要》篇孔子論『損益一卦』章校釋」兩個單元。在每一單元，又以「釋文」、「彙校」、「集釋」和「按」的順序展開其內容。「釋文」是《要》篇後兩章的八種釋文，這是研究的前提和基礎。「彙校」彙集對《要》篇諸種釋文後兩章的校勘成果，「集釋」彙集對《要》篇後兩章釋文詞語的考釋成果，這二者構成「按」的前提。「按」是作者對照《要》圖版照片，對「彙校」的檢討，以及對「集釋」的檢討，還有最重要的，是作者本人的校釋成果，即對《要》篇後兩章八種釋文的校勘意見以及對其詞語的考釋見解，這也是本部分研究的最終目的。

（五）凡　例

（1）本部分各節均由《要》篇後兩章釋文、彙校、集釋和按四部分組成。

（2）釋文部分，依發表時間前後依次錄出八種釋文，諸釋文簡稱見本部分「緒論」第二節「帛書《要》篇八種釋文概述」說明，即《陳廖》、《池田 A》、《池田 B》、《廖 A》、《廖 B》、《廖 C》、《廖 D》、《裘文》。

（3）八種釋文所據版本是：

《池田 A》：池田知久《馬王堆漢墓帛書〈周易〉之〈要〉篇釋文》（上），牛建科譯，《周易研究》1997 年第 2 期，第 20～32 頁，1997 年 6 月；《馬王堆漢墓帛書〈周易〉之〈要〉篇釋文》（下），牛建科譯，《周易研究》1997 年第 3 期，第 6～19 頁，1997 年 9 月。

《池田 B》：池田知久《帛書〈要〉釋文》，朱伯崑主編《國際易學研究》第一輯，第 40～45 頁，華夏出版社，1995 年 1 月。

其餘六種釋文《陳廖》、《廖 A》、《廖 B》、《廖 C》、《廖 D》、《裘文》所據

版本，見本部分「緒論」第二節「帛書《要》篇八種釋文概述」。

（4）釋文中，以（　）注出假借字、異體字之本字，以〈　〉改正明顯的誤字，以〔　〕表示試補的缺字。不能補出的缺字，字數可估計的，用□表示。《池田 A》以／　　／把認爲放錯位置的碎片上文字與上下文隔開，以[　]把認爲放錯位置的碎片上的文字放到正確的位置。《裘文》以☒表示不能估計字數的缺文，以省略號表示與《陳廖》、《池田 A》、《池田 B》和《廖 A》相同的文字部分。

（5）釋文中，以小字標出帛書的行次。

（6）彙校部分，依時間先後彙集現有的對《要》篇後兩章的校勘成果，引文出處見本部分「緒論」第三節「帛書《要》篇釋文校釋現狀以及存在問題」中所列。

（7）集釋部分，依時間先後彙集現有的對《要》篇後兩章的考釋成果，引文出處見本部分「緒論」第三節「帛書《要》篇釋文校釋現狀以及存在問題」中所列。

2、《要》篇「夫子老而好《易》」章校釋

【釋文】

《陳廖》：·夫子老而好易，居則在席，行則在囊。

《池田 A》：●夫子老而好易。居則在席，行則在橐。

《池田 B》：●夫子老而好易。居則在席，行則在橐。

《廖 A》：·夫子老而好易，居則在席，行則在囊。

《廖 B》：●夫子老而好易，居則在席，行則在囊。

《廖 C》：夫子老而好易，居則在席，行則在囊。

《廖 D》：夫子老而好易，居則在席，行則在囊。

《裘文》：·夫子老而巧易居則在席行則在橐

【彙校】

裘錫圭《帛書〈要〉篇釋文校記》：「夫子老而」之下一字，《裘文》釋

「巧」，各本皆釋「好」。第十三行有「夫子何以老而好之乎」語，與此句呼應，此字似當以作「好」爲是。《裘文》可能把上端殘損或不清晰的「好」字誤認作了「巧」。（校按：此「好」字原殘去上端。）「行則在」之下一字，《陳廖》、《廖A》釋「囊」，《池田A》、《池田B》、《裘文》釋「橐」，後者是正確的。

【集釋】

李學勤《從帛書〈易傳〉看孔子與〈易〉》：《世家》「晚而喜《易》」一段放在魯哀公十一年（公元前四八四年）孔子歸魯之後，當時孔子已六十八歲，處於其生活的最後階段。查《左傳》哀公十一年，子貢正在魯國，至哀公十五年冬，子服景伯前往齊國，子貢爲介。第二年四月，孔子逝世，子貢批評哀公的致誄，隨後爲孔子廬墓六年。孔子、子貢間發生《要》篇所記的對話，恰合於當時的情事。

池田知久《馬王堆漢墓帛書〈要〉篇的研究》：「橐」，旅行用的「囊」。《漢書・趙充國傳》有「持橐簪筆」，顏師古注爲「橐，所以盛書也。」

【按】

《廖C》、《廖D》「夫子」前無分章圓點符號，其餘諸本皆有。按從照片看，確有圓點符號，說明此下爲另一章無疑。「老而」下「好」字殘去上端，《裘文》誤釋爲「巧」，其《帛書〈要〉篇釋文校記》已作了說明。「行則在」下一字，《池田A》、《池田B》和《裘文》釋爲「橐」，其餘諸本釋爲「囊」。按此字形爲 ，□中從石，故爲橐字無疑。陳松長先生編著的《馬王堆簡帛文字編》，將此字釋爲「橐」，是正確的。〔註6〕

故釋文當爲：

●夫子老而好《易》，居則在席，行則在橐。

【釋文】

《陳廖》：子贛曰：夫十二行子它日教此弟子曰：「恧（德）行亡者，

〔註6〕 陳松長編著《馬王堆簡帛文字編》，文物出版社，2001年，第255頁。

神靁（靈）之趨；知（智）謀遠者，卜筮之蔡」，賜以此為然矣。以此言取之，賜緝（？）行之為也。夫子何以老而好之乎？

《池田A》：子贛曰，夫_{第十二行}子也日教此弟子曰，惪行亡者，神靈之趨。知謀遠者，卜筮之蘩。賜以此為然矣，以此言取之。賜緝行。[之為也。夫子]／而不□／何以老而好之乎。

《池田B》：子贛曰、夫_{第十二行}子它日教此弟子曰、惪行亡者、神靈之趨。知謀遠者、卜筮之蘩。賜以此為然矣、以此言取之。賜緝行之為也。夫子何以老而好之乎。

《廖A》：子贛曰：夫 12 行子它日教此弟子曰：「惪行亡老，神靁之趨；知謀遠老，卜筮之蘩。」賜以此為然矣。以此言取之，賜緝行之為也。夫子何以老而好之乎？

《廖B》：子贛曰：夫十二行子它日教此弟子曰：「惪行亡老，神靁之趨；知謀遠老，卜筮之蘩。」賜以此為然矣。以此言取之，賜緝行之為也。夫子何以老而好之乎？

《廖C》：子贛曰：夫 12 行子它日教此弟子曰：惪行亡老，神霝之趨；知謀遠老，卜筮之蘩。賜以此為然矣。以此言取之，賜緝行之為也。夫子何以老而好之乎？

《廖D》：子贛曰：夫十二行子它日教此弟子曰：「惪行亡老，神靁之趨；知謀遠老，卜筮之蘩。」賜以此為然矣。以此言取之，賜緝行之為也。夫子何以老而好之乎？

《裘文》：……子它日教此弟子曰德行亡者神霝之趨知謀遠者卜筮之蘩……賜緝彳□□之為也夫子何以老而好之乎

【彙校】

池田知久《馬王堆漢墓帛書〈要〉篇的研究》：子贛曰，夫_{第十二行}子也日教此弟子曰，惪行亡者，神靈之趨。知謀遠者，卜筮之蘩。賜以此為然矣，以此言取之。賜緝行。[之為也。夫子]何以老而好之乎。

「之為也。夫子」五字，影印件因帛片整理之誤而與第九行下的中間部

分綴合，因是錯簡，故移到此處來。再是「而不□」三字，因影印件帛片整理之誤，應移至別的地方。「何以」之「以」，也許是「故」字，但看來像是「以」字。

王博《〈要〉篇略論》：第十三行，《陳廖》本「悳行亡者，神霝之趨；知謀遠者，卜筮之蔡」。《池田Ａ》本「蔡」作「藜」。考「蔡」作名詞時，有卜龜之義，與卜筮雖可連言，但上引二句對仗工整，前句「趨」爲動詞，則後句「蔡」不能作名詞解。而「蔡」字的動詞用法有「減殺」、「流放」等義，與文不合。此字當從《池田Ａ》本釋爲「藜」，「藜」即「繁」，眾多之義。整段話的意思是：趨於神靈則無德行，勤於卜筮則遠智謀。

裘錫圭《帛書〈要〉篇釋文校記》：「它日」之「它」，《池田Ａ》釋「也」，認爲是「他」的省文或假借字。《池田Ｂ》從《陳廖》改釋「它」。但《檢討》說，「也」和「它」本爲同一字，只是由於帛書《要》篇的隸書「它」、「也」有別，故從《陳廖》釋。這是有問題的。「也」和「它」在古文字裏也是有區別的。《金文編》等認爲「它」、「也」一字，不可信。「行亡者」之上一字，《裘文》作「悳」，可能是筆誤。「神」下一字，應釋「霝」而讀爲「靈」，《池田Ａ》、《池田Ｂ》直接釋爲「靈」，與其體例不合。《裘文》將「霝」的三個「口」寫成倒「品」形，是反映帛書原貌的。「卜筮之」之下一字，《陳廖》釋「蔡」，誤；《池田Ａ》釋「藜」，認爲是「繁」的假借字，可信。《廖Ａ》從之。《裘文》依帛書此字原形隸定，其字不從「每」而從「母」，可能帛書抄寫者以草頭的左半兼充「每」的上部（《說文》「每」字「從屮，母聲」）。《裘文》的釋文，「縉」下一字只釋出「彳」旁（此字恐非「行」字）；此字與「之爲也」之間，尚有一缺字。（校按：細審照片，「縉」下斷非「行」字，但《裘文》在此字下所加「□」號似應刪去。）

郭沂《帛書〈要〉篇考釋》：「敢」下一字，……今按，此字如果不是「行」，那麼有無可能是「循」字呢？

【集釋】

池田知久《馬王堆漢墓帛書〈要〉篇的研究》：「也」是「他」的簡劃字或假借字。「悳」大概是「德」的簡劃字。「亡」如字解，但也許是「妄」的簡劃字或假借字。「趨」，《說文解字》有「趨，走也。從走芻聲。」《廣雅》釋詁有「趨，行也。」「藜」，大概是《廣雅》釋詁的「繁、多也」或「繁、眾

也」之「繁」的假借字。「緡」，是《說文解字》的「敃，繩也。從攴民聲」之「敃」的假借字。「緡行」與「敏行」大體上意思相同。因而，所說的「賜緡行[之為也]」，具有子贛努力實踐孔子「悳行亡者，神靈之趨。知謀遠者，卜筮之蘩」的意義。

廖名春《帛書釋〈要〉》：「緡」，此字欠清楚，暫定。疑通敃。兩字皆從民得聲，例可通用。《玉篇・攴部》：「敃，勉也。敃，同敃。」敃有勉力之義。《書・盤庚上》：「不昏作勞。」孔疏：「鄭玄讀昏為敃，訓為勉也。」由此有敃作一詞。《宋書・何尚之傳》：「遂使歲多增貴，貧室日虛，敃作肆力之氓，徒勤不足以供贍。」敃作即勉力勞作。緡行義近於敃作。「賜緡行之為」即賜為之敃行，為之勉力實行。從上下文義看，又疑此「緡」字當為「德」。正因為悳（德）行亡者，神霝（靈）之趨；知（智）謀遠者，卜筮之蔡，子贛「以此言取之」，按此說而擇定自己的行動，就是要捨神靈、遠卜筮，「為之德行」，致力於德行修養。

李學勤《帛書「要」篇及其學術史意義》：……「卜筮之蔡（察）」……所謂「德行亡者」，「智謀遠者」，即亡德行者、遠智謀者，兩「之」字用法同「是」。孔子認為沒有德行的人才趨於神靈，缺乏智謀的人才察於卜筮，與其敬鬼神而遠之的精神一貫。《周易》乃卜筮之書，而孔子暮年愛讀，故引起子贛的不解。

鄧球柏《帛書周易校釋》（增訂本）：緡，古時穿錢的繩子。也指成串的錢，一千文為一緡。此處引舊（筆者按：原文如此）為準則。子贛說：孔子它日教育弟子說：「品德仁義喪失了的人，則被神靈所趨趕；智慧謀略遠於人的人，卜筮之蘩。」我（子贛）以為這是很正確的。將這些話作為行為的準則，我就是按照這些去做的。孔子為什麼老年而喜歡《周易》呢？

趙建偉《出土簡帛周易疏證》：「遠」訓為「去」（《論語・顏淵》皇疏），與「亡」同義。「蔡」，王博認為當從池田本作「蘩」，同「繁」。此謂無德行、智謀者則趨附神靈、淫事卜筮。「取」，取法、衡量。「緡」當讀為「勉」。

郭沂《帛書〈要〉篇考釋》：「教此」，以「此」「教」。「此」謂下面引語。「趨」，向也，投向，趨向。「遠」，遠離，這裡指缺乏。「繁」，多也。「取」，受也，接受。「緡」當讀為「忞」，勉力也。《說文》：「忞，彊也。從心，文聲。」桂馥《說文解字義證》曰：「經典借忞字。」《玉篇・心部》：「忞，自勉強也。」……子貢說：「老師過去是這樣教育弟子的：『沒有德行的人才趨

向神靈的保祐，缺乏智謀的人才頻繁地求助於卜筮的啓示。』我認爲這是對的。我接受了您的這句話，並且一直在努力地奉行它。老師您爲什麼到了晚年卻喜好作爲卜筮之書的《易》呢？」

【按】

「日」上一字，《陳廖》釋「它」，《池田 A》釋「也」誤，故《池田 B》吸收《陳廖》意見，改釋「它」。「神」下一字字形作 ⿴囗，《廖 C》和《裘文》依帛書原貌釋爲「囗」。《池田 A》和《池田 B》直接釋爲「靈」，如裘先生所言是不符合體例的。「卜筮之」下一字，《陳廖》誤釋爲「蔡」，《廖 A》吸收《池田 A》、《池田 B》釋「蘩」的意見，改釋爲「蘩」。「縉」下一字，裘先生認爲絕非「行」字，故《裘文》只釋出左邊「彳」，其餘諸本皆釋「行」。按從照片上看，此字右邊模糊不清，與「行」的右邊似乎不符，但原件是否清楚不得而知。考慮到《陳廖》釋「行」，並核對過原件，其原件應是可辨的，故暫從《陳廖》釋爲「行」。裘先生認爲「縉行」與「之爲也」之間，有一缺字，故其釋文在缺字處加一「□」符號。從照片看，「縉行」與「之爲也」之間有一定的空間，但容不下一個字，應是正常的字距，不可能有缺文。故裘先生認爲應刪去「□」符號。

故釋文當爲：

> 子贛曰：夫十二行子它日教此弟子曰：惪行亡者，神囗之趨；知謀遠者，卜筮之蘩。賜以此爲然矣。以此言取之，賜縉行之爲也。夫子何以老而好之乎？

「德行亡者」，即亡德行者。「知謀遠者」，即遠智謀者。亡和遠互文，遠與亡義近。「神靈之趨」和「卜筮之蘩」的兩「之」字，爲表賓語倒置的助詞，用法同「是」，李學勤先生之說甚是。「神靈之趨」同「神靈是趨」，即趨於神靈。「卜筮之蘩」同「卜筮是蘩」，即蘩於卜筮。「縉行」，縉通瞽，爲勉之義，縉行即勉力而行，「縉行之爲」即爲之縉行，亦即爲之勉行，廖名春先生之說甚是。鄧球柏訓縉爲準則，不知何據。「取」爲受，接受。《禮記・喪大記》「取衣者亦以篋」，鄭玄注：「取，猶受也。」《廣韻》：「取，受也。」郭沂先生之說甚是。

此句意爲：子贛曰：「夫子以前教育弟子說：『沒有德行的人才趨於神靈，

缺乏智謀的人才頻繁地進行卜筮。』賜認爲這些話很對。賜接受了這些話，並爲之勉力實行。夫子爲何老而好《易》呢？」

【釋文】

《陳廖》：夫子曰：君子言以榘（榘）方也。前羊（祥）而至者，
　　　　弗羊（祥）而好（？）也。十三行

《池田 A》：夫子曰，君子言以榘方也。前手而至者，弗手而巧也。
　　　　　　第十三行

《池田 B》：夫子曰、君子言以榘方也。前羊而至者、弗羊而巧也。
　　　　　　第十三行

《廖 A》：夫子曰：君子言以榘方也，前羊而至耂，弗羊而巧也。
　　　　13 行

《廖 B》：夫子曰：君子言以榘方也，前羊而至耂，弗羊而巧也。
　　　　一三行

《廖 C》：夫子曰：君子言以榘方也，前羊而至耂，弗羊而巧也。
　　　　13 行

《廖 D》：夫子曰：君子言以榘方也，前羊而至耂，弗羊而巧也。
　　　　一三行

《裘文》：……前干（羊）而至者弗羊而巧也

【彙校】

　　池田知久《馬王堆漢墓帛書〈要〉篇的研究》：「巧」，或者也許是「好」字。

　　裘錫圭《帛書〈要〉篇釋文校記》：出現在「前」和「弗」之後的那個字，《池田 A》誤釋「手」，《池田 B》已從《陳廖》改釋爲「羊」。據《裘文》所摹原形，此字確可釋爲「羊」。帛書《繫辭》四十五行下「吉事有羊（今本作『祥』）」之「羊」，與此同形（傅舉有、陳松長《馬王堆漢墓文物》126 頁，湖南出版社，1992）。「弗羊而」之下一字，《陳廖》釋「好」，誤；當從其他各本釋「巧」。或疑二「羊」字實當釋「羋」，讀爲「逆」，待考。

【集釋】

池田知久《馬王堆漢墓帛書〈要〉篇的研究》：「杲」，是「榘」的簡劃字或假借字。《說文解字》有「巨，規巨也。從工，象手持之。榘，巨或從木矢。矢者，其中正也。」段玉裁注爲「按今字作矩省木。」「前手而至者，弗手而巧也。」意思不詳。

廖名春《帛書釋〈要〉》：「言以杲方」，杲通榘，又作矩。矩方，矯正使方。《漢書・律曆志上》：「矩者，所以矩方器械，令不失其形也。」此是說君子言語要有規範。「前羊（祥）而至者，弗羊（祥）而巧也」，前，疑通翦。《吳子・論將》：「進道易，退道難，可來而前；進道險，退道易，可薄而擊。」此前即翦滅之意。羊、祥同源。而祥有善意。《說文・示部》：「祥，善。」《爾雅・釋詁上》：「祥，善。」《墨子・天志中》：「且夫天下蓋有不仁不祥者。」不祥與不仁並舉，祥即善。「前羊」即翦祥、翦善。「弗羊」即不祥。巧，虛浮不實。《集韻・效韻》：「巧，僞也。」故《莊子・天下》篇「巧僞」連言。聯繫上下文，可知這是孔子對子貢批評他「何以老而好《易》」的反擊。孔子認爲君子說話要有規範，指責別人不能太隨便，踐踏了善而得到的，是不祥而浮華。

李學勤《帛書〈要〉篇及其學術史意義》：這是講君子之言如畫方以矩，不能言行不一。

鄧球柏《帛書周易校釋》（增訂本）：杲，矩。羊，祥。君子講話都有一定的原則。前面的吉祥出現了，不吉祥也能避免。

趙建偉《出土簡帛周易疏證》：「方」，合於法度。「好」，當從《池田 A》本作「巧」，讀爲「考」，考察。此言前面有吉祥顯現，則後面不祥的東西便可考察得知。下句的「察」字即呼應此處的「考」。

郭沂《帛書〈要〉篇考釋》：「言以矩方」。「以」，裴學海《古書虛字集釋》：「猶『以爲』也。」「矩」，《正字通・矢部》：「爲方之器。」引申爲法度、準則。《爾雅・釋詁上》：「矩，常也」；「矩，法也。」「方」，法度、準則。《詩經・大雅・皇矣》「萬邦之方」毛傳：「方，則也。」《後漢書・桓譚傳》「如此天下知方」李賢注：「方，猶法也。」「矩方」，猶法則、準則。「巧」，通「考」，可釋爲探究。《釋名・釋言語》：「巧，考也，考合異類共成一體也。」王先謙疏證引王啓原曰：「巧、考古同。《書・金縢》『予仁若考』，《史記・魯周公世家》『考』作『巧』，是其證。」「前祥而至者，弗祥而巧也」。此句

文義不詳，今強作一解：先前時運吉祥，（沒有認真讀《易》），以至於說出那些話。現在命運多舛，不得已才認真探究《易》。

【按】

「前」後一字，《陳廖》釋「羊」，《池田A》釋「手」，《池田B》從《陳廖》改釋爲「羊」。《裘文》只摹出原形未釋，《帛書〈要〉篇釋文校記》認爲諸本釋「羊」正確。按此字形作 𦍒，帛書《繫辭》四十五行下「吉事有羊（今本作『祥』）」之「羊」作 𦍒，馬王堆帛書《十六經》一二九行「羊（祥）於鬼神」之「羊」作 𦍒，〔註7〕皆與此同形，因此釋「羊」是正確的，裘先生所言甚是。裘先生又認爲此「羊」字和後面「弗羊」之「羊」又可釋爲「屰」，而讀爲逆。按馬王堆簡帛「逆」字形有作 𦍒《經法》002，𦍒《陰陽五行》乙篇103，𦍒《經法》008，等等，〔註8〕其右邊與此字同形，但從文意看，似以釋「羊」爲妥。

故釋文當爲：

夫子曰：君子言以㫄方也。前羊而至者，弗羊而巧也。 十三行

㫄方即矩方，李學勤先生解爲畫方以矩，甚是。君子言以矩方，指君子言論如畫方以矩，前後要保持一致。孔子以前教導子貢等弟子說：「德行亡者，神靈之趨；知謀遠者，卜筮之繁」，對趨於神靈、頻繁卜筮的行爲是不贊成的，而要求弟子發揮理性、注重德行。現在孔子喜好卜筮之書的《周易》，故子貢認爲孔子違反以前的言論，前後不一致。孔子耐心向子貢講解，自己的觀點沒有改變，自己的言論如畫方以矩，仍然堅持以前言論，沒有改變。羊通祥。「前祥而至者，弗祥而巧也」，其意較費解，學者看法不同，廖名春先生讀前爲剪，訓巧爲僞，釋爲：踐踏了善而得到的，是不祥而浮華，稍嫌迂曲。鄧球柏先生訓巧爲避免，不知何據。趙建偉先生讀巧爲考，釋爲：前面有吉祥顯現，則後面不祥的東西便可考察得知。於「弗祥」前加「後面」二字，有增字之嫌。郭沂先生亦讀巧爲考，釋爲：先前時運吉祥，（沒有認真讀《易》），以至於說出那些話。現在命運多舛，不得已才認真探究《易》。亦嫌迂曲。按巧當訓爲僞，廖先生說甚是。《詩·小雅·巧言》：「巧言如簧，顏之厚矣。」

〔註7〕 陳松長編著《馬王堆簡帛文字編》，文物出版社，2001年，第146頁。
〔註8〕 陳松長編著《馬王堆簡帛文字編》，文物出版社，2001年，第63頁。

鄭玄箋：「顏之厚者，出言虛僞而不知慙於人。」「前祥而至者，弗祥而巧也」，其義似爲：前面到來的福祥，不是眞正的福祥，而是虛僞不眞的。「前祥而至者」，似指孔子以前以《周易》占筮，而趨吉避凶者。孔子認爲以這種方式得到的福祥，不是眞正的福祥，故言「弗祥而巧也」。君子應以「德行焉求福，仁義焉求吉」，以德行、仁義所求得的福吉才是眞正的吉祥。

此句意爲：孔子說：君子之言如畫方以矩，前後是一致的。前面到來的福祥，不是眞正的福祥，而是虛僞不眞的。

【釋文】

《陳廖》：察亓要者，不趮（詭）其德。

《池田A》：察亓要者，不趮亓雜。

《池田B》：察亓要者，不趮亓雜。

《廖A》：察亓要者，不趮亓福。

《廖B》：察亓要者，不趮亓福。

《廖C》：察亓要者，不趮亓福。

《廖D》：察亓要者，不趮亓福。

《裘文》：察亓要者不趮亓應

【彙校】

池田知久《馬王堆漢墓帛書〈要〉篇的研究》：「雜」，只能看見其一部分，所以是不是「雜」字，不一定可靠。

裘錫圭《帛書〈要〉篇釋文校記》：「不趮其」之下一字，……（校按：從照片看，各本所釋似皆非，究爲何字待考。）

【集釋】

池田知久《馬王堆漢墓帛書〈要〉篇的研究》：「要」，從前後文脈來考慮，是指《周易》中的「古之遺言」等。「趮」是跪的異體字，是《說文解字》「跪，拜也。從足危聲」之意。「雜」，如果是這個字的話，就是「要」字的反義詞，是指《尙書》的「多勿」等。

廖名春《帛書釋〈要〉》：對於《周易》，「察其要者」，在於「不趙（詭）其德」，即關鍵在於不違背德義，並不在於它是否被祝巫卜筮利用過。

鄧立光《從帛書〈易傳〉看孔子之〈易〉教及其象數》：孔子看出《周易》所蘊含之道德內容，《周易》實在是言德之書。

趙建偉《出土簡帛周易疏證》：這兩句是說要考察《周易》的精髓而不要歪曲它的德義。

郭沂《帛書〈要〉篇考釋》：「察其要者」之「其」為《易》，故此處之「要」，即「《易》之要」。「趙」，詭，違反，違背。能夠明察《易》之要的人，就不會違背《易》之「德」。

【按】

「不趙其」下一字，諸本所釋不同，或釋德，或釋雜，或釋福，或釋應。裘先生認為，此字形與諸本所釋各字皆不符。按此字形為 ，其左側稍有殘損。此字形可與馬王堆帛書《相馬經》第十九行福 相比勘，〔註9〕其右側可與《要》篇第十八行「德行焉求福」的福 相比勘，而與德、雜、應差別較大。因此比較而言，似以廖名春先生釋為「福」較妥。

故釋文似為：

> 察亓要者，不趙亓福。

趙，《陳廖》認為通詭，其說當是。池田先生認為是跪的異體字，不確。《漢書·敘傳下》：「詭矣禍福，刑於外戚。」顏師古注曰：「詭，違也。言禍福相違，終始不一也。」《漢書·武五子傳》：「願詭禍為福。」顏師古注曰：「詭猶反。」是詭為違反之義。察其要者，不詭其福，即明察《周易》之要旨的人，不違反其福祥。孔子認為，普通人用《周易》去占筮，其目的是追求福祥。而審察《周易》要旨的人，也追求福祥，他們也不違背《周易》福祥的宗旨，雖然這兩種人的方式不同。

此句意為：審察《周易》要旨者，不違反其福祥。

【釋文】

《陳廖》：尚書多於（闕）矣，周易未失也，且又（有）古之遺言

〔註9〕陳松長編著《馬王堆簡帛文字編》，文物出版社，2001年，第7頁。

焉。

《池田 A》：尚書多勿矣，周易未失也。且又古之遺言焉。

《池田 B》：尚書多勿矣、周易未失也。且又古之遺言焉。

《廖 A》：尚書多於矣，周易未失也，且又古之遺言焉。

《廖 B》：尚書多於矣，周易未失也，且又古之遺言焉。

《廖 C》：尚書多令矣，周易未失也，且又古之遺言焉。

《廖 D》：尚書多令矣，周易未失也，且又古之遺言焉。

《裘文》：尚書多於矣周易未失也且又古之遺言焉

【彙校】

廖名春《帛書〈二三子〉、〈要〉校釋五則》：「令」，按此字與帛書《要》「用倚於人」、「不問於古法」之「於」比較，顯爲「於」字之右半。而帛書《要》「萬勿潤」、「不可以萬勿盡稱也」之「勿」字，寫法顯然與此不同。所以，此字當爲「令」字無疑。

【集釋】

李學勤《從帛書〈易傳〉看孔子與〈易〉》：「古之遺言」也不是泛指古代的話，因爲《周易》對於孔子來說本來是古代的作品，用不著特別強調。「遺言」的「言」應訓爲教和道，係指前世聖人的遺教。由此知道，孔子認爲《周易》經文是有義理的，蘊涵著思想和教訓，絕不像有人所說是後世簽詩之類。所說的「古」，應即《繫辭下》所謂「中古」，也就是殷周之際。

池田知久《馬王堆漢墓帛書〈要〉篇的研究》：《尚書》是先秦時代僅僅稱作「書」的著作。……是伏生或其弟子歐陽生在前漢初期開始使用的名稱。因此，可以斷定，使用了《尚書》這樣的名稱的本書《要》篇的成書年代，一定是前漢時期。關於與《周易》的內容是「要」相比，其他各種經典是「雜多」這樣的認識，請參照《漢書・儒林傳》的「孟卿以禮經多，春秋繁雜，乃使從田王孫受易。」從兩者大體一致來推測，本書《要》篇也大概還是屬於漢初以來的田何——丁寬——田王孫——孟喜系統的。就《周易》等經典言「失」之有無的文獻，請參照《淮南子・詮言篇》「詩之失僻，樂之失刺，禮之失責。」《淮南子・泰族篇》「易之失鬼，樂之失淫，詩之失愚，書之失

拘，禮之失忮，春秋之失訾。」《禮記‧經解篇》「詩之失愚，書之失誣，樂之失奢，易之失賊，禮之失煩，春秋之失亂。」「古之遺言」，與下文所說的「亓辭」和「古法」大體同意，意思主要是指假託於周文王的儒教的倫理思想、政治思想。《禮記‧緇衣篇》有「子曰，南人有言。曰，人而無恒，不可以為卜筮。古之遺言與。龜筮猶不能知也。而況於人乎。詩云，我龜既厭，不我告猶。兌命曰，爵無及惡德，民立而正。事純而祭祀，是為不敬。事煩則亂，事神則難。易曰，不恒其德，或承之羞。恒其德貞。婦子吉，夫子凶。」《禮記‧緇衣篇》不只是「南人」之「言」，而且可看成是包含重視「詩」「兌命」「易」，與龜筮相比更重視人，總之與咒術、宗教相比更重視倫理的「古之遺言」的文獻，因此，與本書《要》篇的這部分有密切關係，大概是直接根據《要》篇這部分而進一步詳細解釋上述思想而形成的文章。再就是《論語‧子路》裏有名的「子曰，南人有言，人而無恒，不可以作巫醫。善矣。不恒其德，或承之羞。子曰，不占而已矣」也大概是與《禮記‧緇衣》同時代即前漢初期的文帝以後的文章。

廖名春《帛書釋〈要〉》：亼即於，通關。《說文‧門部》：「關，遮壅也。」段玉裁注：「遮者，遏也；壅者，裹也。古書壅遏字多作擁關。」《廣韻‧曷韻》：「關，塞也。」孔子認為《尚書》有關塞不通之處。

鄧立光《從帛書〈易傳〉看孔子之〈易〉教及其象數》：就「文」而言，《尚書》文義難解（關），而《周易》卻保存完好；就「獻」而言，《周易》卦爻辭保存古代之遺言。

李學勤《帛書〈要〉篇及其學術史意義》：「於」讀為「關」，係「闕」字之誤，孔子是講《尚書》已多殘缺，而《周易》傳流於世，中有古之遺言，孔子之愛讀全以此故。

鄧球柏《帛書周易校釋》（增訂本）：《尚書》多有缺損，《周易》則是完整的，而且又是古代的遺言。

廖名春《帛書〈二三子〉、〈要〉校釋五則》：「亼」為「於」之省文。「於」當通「疏」。《史記‧司馬相如列傳》：「垂條扶於。」《漢書‧司馬相如傳》、《文選‧上林賦》「於」皆作「疏」。《老子》第七十七章曰：「天綱恢恢，疏而不失。」故下文云「《周易》不失」與此「《尚書》多亼（疏）」相對。……「《尚書》多亼（疏）也」當指《尚書》記事過於簡略，多有疏漏之處。……孔子的「《尚書》多亼也」說，不是批評《尚書》迂闊疏遠，而是認為《尚

書》多有疏漏闕失，其紀事的形式甚至思想結構都不如《周易》精密。孔子的這一評價，是其晚年整理文獻時經學思想變化的表現。

趙建偉《出土簡帛周易疏證》：「尚書」，上古之書。「闕」同「遏」，絕滅。此言秦火之後，上古之書很多都絕滅了，因不焚卜筮之書，所以《周易》沒有丟失。

郭沂《帛書〈要〉篇考釋》：這裡的「尚書」與《周易》對舉，我以為指的是《連山》、《歸藏》。《連山》、《歸藏》早於《周易》，相對於《周易》而言，它們為「上古之書」，故孔子謂之「尚書」。「仒」，與下句「未失」相對應，其字義或為「缺失」。……我認為「尚書多仒也，《周易》未失也」是說，在孔子時代，《連山》、《歸藏》已多有亡佚缺失，但《周易》尚未散失。

【按】

「尚書多」下一字，《陳廖》、《廖 A》、《廖 B》、《裘文》釋「於」，《池田 A》、《池田 B》釋「勿」，《廖 C》、《廖 D》釋「仒」。廖名春先生指出釋「勿」非是，甚確。釋「仒」符合帛書原貌。

故釋文當為：

《尚書》多仒矣，《周易》未失也，且又古之遺言焉。

此處「尚書」之義，學者看法不一，或認為是五經中的《尚書》，或認為是泛指的上古之書，或認為是「三易」中的《連山》和《歸藏》。筆者認為，此處「尚書」和下句「周易」對舉，應指五經中的《尚書》。廖名春先生認為仒為於之省文，其說當是。陳松長、廖名春、鄧立光諸先生認為於同闕，指《尚書》文義闕塞不通、難解。趙建偉先生認為「闕」同「遏」，絕滅之義。廖先生後認為於同疏，指《尚書》記事過於簡略，多有疏漏之處。李學勤先生認為「於」即「闕」，乃「闕」字之誤，指《尚書》多有殘缺。揆之文義，似以李先生之說較勝。「古之遺言」，「古」為《繫辭》所言的「中古」，應指殷周之際的中古時代，周文王一些思想性的遺訓、遺教。這些遺訓、遺教成為後來孔子創立儒家思想的重要資源。孔子認為《周易》卦爻辭中保留了一些這樣的「古之遺言」，他之所以「老而好《易》」，愛讀《周易》的卦爻辭，其原因就在這裡。此意，李學勤先生和池田先生論之甚為精當。

此句意為：《尚書》已多有殘缺，而《周易》尚未散失，是完整的，其卦

爻辭中保留了古代周文王的一些遺訓、遺教。

【釋文】

《陳廖》：予非安其用也。〔子贛曰：賜〕聞於夫〔子曰〕必（？）於□□□如是，則君子已重過矣。

《池田 A》：予非安亓用也，〔而樂亓辭也。〕□□□有於□□。〔子贛曰〕，如是，則君子已重過矣。

《池田 B》：予非安亓用也、〔而樂亓辭也。〕□□□必於□□。〔子贛曰〕、如是，則君子已重過矣。

《廖 A》：予非安亓用也。□□□□□□□必於□□〔子贛曰〕：如是，則君子已重過矣。

《廖 B》：予非安亓用也。□□□□□□□必於□□〔子贛曰〕：如是，則君子已重過矣。

《廖 C》：予非安亓用也。〔子贛曰：賜〕聞於夫〔子曰〕：□必於□□□。如是，則君子已重過矣。

《廖 D》：予非安亓用也。〔子贛曰：賜〕聞於夫〔子曰〕：□必於□□□。如是，則君子已重過矣。

《裘文》：予非安亓用也予樂☒尤於□□□□□如是則君子已重過矣

【彙校】

池田知久《馬王堆漢墓帛書〈要〉篇的研究》：「有於」前約缺八個字。參照下文第十五行上的「夫子今不安亓用，而樂亓辭」而補「而樂亓辭也」五字。「有於」之下約缺五字。「如是」之上補「子贛曰」三字。因爲這部分的主語由「夫子」換成了「子贛」。

裘錫圭《帛書〈要〉篇釋文校記》：《裘文》所據照片在「予非安亓用也」之下有「予樂」二字，爲他本所無，大概是整理小組綴合上去的，當可信。從下文「夫子今不安亓用而樂亓辤」來看，「予樂」下可補出「亓辤（辭）也」三字。《池田 A》在「予非安亓用也」下補「而樂亓辭也」，第一字不確。

（校按：有「予樂」二字的碎片原來錯置在第九行，參看第 6 條的校按。）《陳廖》本「予非安其用也」與「必（？）於」之間的釋文，顯然有問題。「聞於夫」當是一塊小殘片上的文字。《檢討》指出此殘片就是《池田 A》所據照片第十二行的「聞於无」殘片，只是《陳廖》把「无」釋成了「夫」。其原來應有的位置當不在此，《陳廖》在其前後所補文字當然也不可信。《陳廖》釋爲「必（？）」的那個字，《裘文》則釋「尤」。（校按：此字原作 𢦏，似以釋「尤」爲較妥。又，第 5、6 兩條校按中提到的有「此乎」、「之道」兩行字的碎片應移綴在此行的「尤於」和下行的「百生之」之下。「百生」下「之」字只存左半，「之道」之「之」只存右半，正好拼成一個整字。「尤於」之下有一個基本殘去的字所遺留下來的一道筆劃的右尖端。「此乎」之「此」的右偏旁的彎筆正好缺收筆處的尖端，彼此也可拼合。所以此行釋文應在「尤於」下加「此乎」二字。）

郭沂《帛書〈要〉篇考釋》：予非安其用也，予樂〔其辭也。賜，汝何〕尤於此乎！」〔子贛曰〕：「如是，則君子已重過矣。

綴合「予樂」二字和補上「其辭也」三字後，在「其辭也」和「尤於」之間尚有三個字的空位，今依文義試補「賜汝何」三字。

【集釋】

韓仲民《帛書〈繫辭〉淺說——兼論易傳的編纂》：帛書《繫辭》卷後佚書，《要》中有一章……孔子認爲《周易》「有古之遺言焉。予非安其用，而樂其辭。」

李學勤《從帛書〈易傳〉看孔子與〈易〉》：「有古之遺言焉。予非安其用，而樂其辭。」「安其用」，「安」亦訓爲樂，與下「樂其辭」相對。《周易》用於卜筮，「用」當指卜筮而言。孔子樂於體驗經文的義理，不樂於用之於卜筮，和下面的話是一致的。

池田知久《馬王堆漢墓帛書〈要〉篇的研究》：「予非安亓用也」的意思是不甘心於《周易》作爲卜筮的作用。「君子」，指「夫子」。「重過」，本書《易之義》篇有「君子言於无罪之外，不言於无罪之內。是謂重福」，（由此推之，「重過」）是「重福」的反義詞。在此好像是說，「予非安亓用也」是一「過」，「而樂亓辭也」又是一「過」，因此，合起來就是「重過」。

廖名春《帛書釋〈要〉》：用，指卜筮之用。孔子之所以「老而好《易》」，

並非是樂其卜筮之用。「重過」即益過、增過。聯繫下文，子贛似乎是說，對《周易》「樂其辭」且「安其用」，君子是過上加過。這是子贛引用孔子之語指責孔子「老而好《易》」之事。

趙建偉《出土簡帛周易疏證》：「安」，樂，喜歡。「用」，實占應用。「重過」似即《論語》的「貳過」。

郭沂《帛書〈要〉篇考釋》：「尤」，責也，怨也，過也，非也。「重」，大也。《呂氏春秋・貴生》「天下，重物也」高誘注：「重，大。」如此，「重過」即「大過」，猶《論語》「加我數年，五十以學《易》，可以無大過矣」之「大過」。我並不安於它的卜筮之用，我是真正喜歡它的「辭」（卦辭、爻辭）啊。賜，你為什麼還在這個問題上責怪我呢？子貢說：這樣一來，君子就已經犯了重大過錯了。

【按】

此處諸家釋文歧異較多，主要有四：

第一，《裘文》所據初步整理照片「予非安亓用也」下有一碎片，上有「予樂」二字，而其餘諸本所據照片則無。裘先生後來得到的未經整理的照片上，此碎片在第九行。裘先生認為此碎片被錯置並被放倒。此碎片上的文字，《池田 A》誤釋為「尙身」。後來整理小組在其初步的整理中，將其綴合到第十四行「予非安亓用也」下。筆者看到的照片上，《要》篇第十四行沒有此碎片。按較早參加帛書《周易》整理小組的韓仲民先生，在《帛書〈繫辭〉淺說——兼論易傳的編纂》一文中，引《要》篇文字稱「有古之遺言焉。予非安其用，而樂其辭。」因此，《裘文》釋出「予樂」二字，似有所據。裘先生指出：從下文「夫子今不安亓用而樂亓辯」來看，「予樂」下可補出「亓辯（辭）也」三字，也是很有道理的。

第二，「聞於夫」所在殘片的位置。從照片上看，第十四行「予非安亓用也」至「必於」（或「尤於」）之間殘損，約缺七八字。第十五行「易之道昔」至「百生之」之間殘損，約缺七八字。「聞於夫」三字和「而不」兩字在一殘片上，就在這兩行的殘損位置上，其中「聞於夫」在第十四行，「而不」在第十五行。問題是這一殘片的位置是否就是原來的位置，不好確定。對此殘片，諸本採取兩種處理辦法：一，《陳廖》、《廖 C》和《廖 D》認為殘片就是原位置的，釋出「聞於夫」三字，並以意在「聞於夫」前補「子贛曰

賜」，在其後補「子曰」。二，《池田 A》、《池田 B》、《廖 A》、《廖 B》和《裘文》認爲此殘片不是原位置的，以缺文處理。

案下文講子贛言「賜聞諸夫子曰」，如此處爲「子贛曰：賜聞於夫子曰」，則有兩問題：一是文嫌重複。二是「聞於夫子曰」不合文獻中常用語例。考諸文獻，孔子弟子稱聞夫子之語，皆曰「聞諸夫子曰」，從無言「聞於夫子曰」者。如《論語》：「曾子曰：吾聞諸夫子……」（《子張》），「曾子曰：吾聞諸夫子……」（《子張》），「子游對曰：昔者偃也聞諸夫子曰………」（《陽貨》），「子路曰：昔者由也聞諸夫子曰……」（《陽貨》），《大戴禮記·五帝德》：「宰我曰：昔者予也聞諸夫子曰……」；《禮記》：「曾子曰：參也聞諸夫子……」（《檀弓上》），「（子游）曰：聞諸夫子……」（《檀弓下》），「樂正子春曰：吾聞諸曾子，曾子聞諸夫子……」（《祭義》），等等。戰國時代的孟子弟子，稱聞孟子之語，亦言「聞諸夫子曰」，無言「聞於夫子曰」者，如《孟子·公孫丑下》：「充虞路問曰：……前日虞聞諸夫子曰……」。因此，從上述兩方面考慮，似以第二種做法更爲妥當。

第三，「於」前一字，《裘文》釋「尤」，其餘諸本除《池田 A》誤釋「有」外，皆釋「必」（《陳廖》對釋「必」無把握）。按此字形爲 ，與馬王堆帛書《十六經》104 行的尤 相吻合，〔註 10〕而與馬王堆帛書「必」字，如《胎產書》2 行的 ，《經法》74 行的 ，《刑德》乙本 39 行的 ，《刑德》乙本 60 行的 ，〔註 11〕皆不符。因此，此字當如《裘文》爲「尤」。

第四，「尤於」之下，《帛書〈要〉篇釋文校記》認爲有「此乎」二字。在裘先生看到的未經整理的照片上，在第八行「不能知易」上有一碎片，上有「此乎」二字。《池田 A》、《池田 B》釋爲「此〔由〕」（「由」字池田先生無把握。裘先生認爲釋「由」誤，應爲乎字。）裘先生認爲此碎片應該在第十四行「尤於」之下。其理由是「尤於」之下有一個基本殘去的字所遺留下來的一道筆劃的右尖端，而「此乎」之「此」的右偏旁的彎筆正好缺收筆處的尖端，彼此也可拼合。從筆者所見照片看，在「尤於」之下、靠近第十三行處，確有一個基本殘去的字所遺留下來的一道筆劃的右尖端。從照片上的字距看，此處如果爲「此」字，它與「於」字的距離似嫌過小，但這種情況可

〔註 10〕陳松長編著《馬王堆簡帛文字編》，文物出版社，2001 年，第 589 頁。
〔註 11〕陳松長編著《馬王堆簡帛文字編》，文物出版社，2001 年，第 40 頁。

能是帛片殘破造成的。因此，裘先生此說似可從，「尤於」之下，似可補「此乎」二字。

因此，從以上四方面考慮，釋文似當爲：

予非安亓用也，予樂〔其辭也〕。□□□尤於〔此乎〕。〔子贛曰〕：如是，則君子已重過矣。

李學勤先生認爲，「安」亦訓爲樂，與下「樂其辭」相對，其言當是。《淮南子・氾論》「而百姓安之」，高誘注：「安，樂也。」「重過」之義，學者有兩種看法，或以重爲二，或以重爲大。筆者認爲當以前者看法爲是，重過似應指犯了兩個錯誤。

此句意爲：我不樂《周易》占筮之用，我喜歡它的卦爻辭。………〔子贛說〕：如果這樣的話，君子已經犯了兩個錯誤了。

【釋文】

《陳廖》：賜聞諸夫子曰孫（遜）正而行義，則人不惑矣。

《池田 A》：賜聞諸夫子。曰，孫正而行茲，人不惑矣。

《池田 B》：賜聞諸夫子。曰、孫正而行茲、則人不惑矣。

《廖 A》：賜聞諸夫子曰：孫正而行義，則人不惑矣。

《廖 B》：賜聞諸夫子曰：孫正而行義，則人不惑矣。

《廖 C》：賜聞諸夫子曰：孫正而行義，則人不惑矣。

《廖 D》：賜聞諸夫子曰：孫正而行義，則人不惑矣。

《裘文》：賜聞諸夫子曰孫正而行義則人不惑矣

【彙校】

裘錫圭《帛書〈要〉篇釋文校記》：「行」下一字，《池田 A》、《池田 B》釋「茲」，不可信，當從他本釋「義」。《池田 A》漏釋「人不惑」上「則」字，《池田 B》已加上。

【集釋】

池田知久《馬王堆漢墓帛書〈要〉篇的研究》：「孫」通「愻」字。「愻」，

《說文解字》有「愻，順也。從心孫聲。唐書曰，五品不遜。」「莪」，也許應該是「峩」。那個也是「峨」的假借字。意思是《說文解字》的「峨，嵯峨也。」《廣雅》釋詁的「峨，高也。」「不惑」，也許是依據《論語・為政》的「不惑」。

廖名春《帛書釋〈要〉》：「孫」通遜，遜又通順。《易・坤・文言》：「《易》曰：履霜，堅冰至，蓋言順也」。《春秋繁露・基義》引遜作順。《書・康誥》：「惟日未有遜事。」《荀子・宥坐》引遜作順。

李學勤《帛書〈要〉篇及其學術史意義》：「孫」讀為「循」，音近通假。循正行義，則人不惑。

鄧球柏《帛書周易校釋》（增訂本）：謙遜正直而行使仁義，那麼人們就不迷惑了。

郭沂《帛書〈要〉篇考釋》：謙遜、正直而行施仁義，那麼人們就不會有什麼疑惑了。

【按】

「聞」後一字釋「諸」，符合帛書原貌。裘先生指出，「行義」之「義」字，《池田 A》、《池田 B》作「莪」誤，《池田 A》「人」前漏釋「則」字，是正確的。

故釋文為：

賜聞諸夫子曰：孫正而行義，則人不惑矣。

孫，陳松長、廖名春先生認為通遜，池田先生以為通愻，李學勤先生認為通循，三說皆可。《詩・豳風・狼跋》「公孫碩膚」，孔穎達疏：「古之遜字，借孫為之。」《說文・辵部》朱駿聲通訓定聲：「孫，叚借為愻。」遜、愻皆通順，廖先生和池田先生論之甚確。鄧球柏、郭沂先生以遜為謙遜，不確。古語正、奇為一對範疇，正為常，奇指異於常者，即非常非正者。《老子》第五十七章：「以正治國，以奇用兵。」《文子・上禮》：「老子曰：以正治國，以奇用兵。……故以異為奇，奇靜為躁，奇治為亂，奇飽為飢，奇逸為勞。奇正之相應，若水火金木之相伐也，何往而不勝。」《孫子・兵勢》：「三軍之眾可使必受敵而無敗者，奇正是也。」曹操注：「先出合戰為正，後出為奇。」李筌注：「當敵為正，傍出為奇。」鄧球柏、郭沂先生以正為正直，

不確。孫正，即順正或循正，也即順從或遵循平常的做法。

義爲宜。《詩・大雅・蕩》「不義從式」，毛傳：「義，宜也。」《旅・象傳》「其義焚也」，《釋文》引馬融云：「義，宜也。」《論語・爲政》「見義不爲」，何晏《集解》引孔安國曰：「義者，所宜爲也。」《繫辭下》「禁民爲非曰義」，孔穎達疏：「義，宜也，言以此行之而得其宜也。」故行義即行得其宜。鄧球柏、郭沂先生認爲義爲仁義，不確。

此句意爲：賜從夫子那裡聽到過這樣的話：遵循平常的做法，按合適的方法去行事，則人不迷惑。

【釋文】

《陳廖》：夫十四行子今不安亓用而樂其辤，則是用倚於人也，而可乎？

《池田A》：夫第十四行子今不安亓用，而樂亓辤，則是用倚於人也。而可乎。

《池田B》：夫第十四行子今不安亓用、而樂亓辤、則是用倚於人也。而可乎。

《廖A》：夫 14 行子今不安亓用而樂亓辤，則是用倚於人也，而可乎？

《廖B》：夫一四行子今不安亓用而樂亓辤，則是用倚於人也，而可乎？

《廖C》：夫 14 行子今不安亓用而樂亓辤，則是用倚於人也，而可乎？

《廖D》：夫一四行子今不安亓用而樂亓辤，則是用倚於人也，而可乎？

《裘文》：夫子今不安亓用而樂亓辤，……

【集釋】

池田知久《馬王堆漢墓帛書〈要〉篇的研究》：「夫子今不安亓用，而樂亓辤」，是承接上文第十四行上的「予非安亓用也,[而樂其辭也]」說的。「倚」

是「奇」的假借字。「奇於人」,《莊子・大宗師》有子貢與孔子的問答,其中有「子貢曰,敢問畸人。曰,畸人者,畸於人,而侔於天。」也可能與這「畸於人」相同。《經典釋文》有《莊子》的「畸人」,「司馬云,不耦也。不耦於人,謂闕於禮教也。李云,奇異也。」筆者認為後一說恰當。

廖名春《帛書釋〈要〉》:倚,通奇。《易・說卦》:「參天兩地而倚數。」《釋文》:「倚,馬云:依也。……虞同。蜀才作奇,通。」奇指奇邪、不正。《睡虎地秦墓竹簡・法律答問》:「擅興奇祠,貲二甲。可(何)如為奇?王室所當祠固有矣,擅有鬼立殹為奇,它不為。」《禮記・曲禮上》:「國君不乘奇車。」《釋文》:「奇邪不正之車。」《周禮・天官・宮正》:「去其淫怠與其奇衺之民。」鄭玄注:「奇衺,譎觚非常。」此是子贛又引孔子之語反駁孔子「予非安其用也」的辯解。子贛認為解惑去疑的方法是「孫(順)正而行義」,即順從正道而推行仁義,對《周易》捨其卜筮之用而取其「古之遺言」,還是「用倚於人」,還是走邪道,因此,這是不可取的。

鄧立光《從帛書〈易傳〉看孔子之〈易〉教及其象數》:子貢認定《周易》只是筮書,卦爻辭只用於占驗,因而對孔子不安於占卦而樂於閱讀卦爻辭,大惑不解,認為這是存心立異,用倚於人,修德君子焉能如此?

李學勤《帛書〈要〉篇及其學術史意義》:孔子不樂《周易》之用而專樂其辭,在子貢看來似乎不是「循正」而是「用奇」。「奇」「正」是對立的詞,見於《老子》等書。

鄧球柏《帛書周易校釋》(增訂本):孔子如今不安於其占筮施用而喜歡《周易》的卦爻辭,就是用卦爻辭去指導人生,不是很好嗎?

趙建偉《出土簡帛周易疏證》:「辭」即前文的「古之遺言」。「用倚於人」是說對《易》採取因人取用的實用態度。

郭沂《帛書〈要〉篇考釋》:「倚」,奇也,異也。又謂不完全,片面。《方言》卷二:「倚,奇也。自關而西,秦晉之間,凡全物而體不具,謂之倚。」老師您現在不安於《周易》的卜筮之用而喜愛其辭,相對於眾人來說,這就是片面地看待《周易》。這樣可以嗎?

【按】

「樂」後一字釋「元」,符合帛書原貌。

故釋文爲：

夫十四行子今不安亓用而樂亓辤，則是用倚於人也，而可乎？

「倚」通奇。李學勤先生認爲「用奇」正與上言「孫正」呼應，爲奇正之奇，甚確。奇爲非常。《淮南子・脩務》「不可動以奇」，高誘注：「非常曰奇。」《漢書・五行志》「尨奇無常」，顏師古注引應劭曰：「奇，奇怪非常意。」奇爲異。《楚辭・九章・涉江》「余幼好此奇服兮」，王逸注：「奇，異也。」故奇即異於正者，異於常者。按奇正爲一對範疇，奇即不正。相對於正之奇，往往有貶義。廖名春先生引《禮記・曲禮上》「國君不乘奇車」，《釋文》：「奇邪不正之車。」指出此處奇爲奇邪不正之義，甚確。《禮記・祭義》：「雖有奇邪而不治者。」《管子・白心》「奇身名廢」，尹知章注：「奇，謂邪不正。」對於《周易》，人們正常的態度是看作筮書，只是把它用作占筮之用。孔子卻不樂其占筮之用，而專樂其卦爻辭，這大大異於常人的正常做法。故子贛認爲孔子是「用奇於人」，認爲孔子做法是奇邪不正的。關於此意，廖名春、鄧立光、李學勤諸先生論之甚精。鄧球柏先生解倚爲指導，不知何據。趙建偉先生訓倚爲因，郭沂先生訓倚爲不完全、片面，皆不確。

此句意爲：夫子現在不樂《周易》的占筮之用，而喜歡讀其卦爻辭，這是存心立異於常人，是奇邪不正的做法，這樣做可以嗎？

【釋文】

《陳廖》：子曰：校（謬）弋（哉），賜！吾告女（汝），易之道□□□□而不□□□百生（姓）之□□□易也。

《池田 A》：子曰，校哉賜。吾告女。易之道，□□□□□□□□以百王之□□□，易也。

《池田 B》：子曰：校弋、賜。吾告女。易之道、□□□□□□□□□以百王之□□□、易也。

《廖 A》：子曰：校䷗，賜！吾告女，易之道□□□□□□□□□百生之□□□易也。

《廖 B》：子曰：校弋，賜！吾告女，易之道□□□□□□□□□百生之□□□易也。

《廖C》：子曰：校戈，賜！吾告女，易之道昔□□□而不□□百
　　　　生之□□□易也。

《廖D》：子曰：校戈，賜！吾告女，易之道昔□□□而不□以百
　　　　王之□□□易也。

《裘文》：子曰校戈賜吾告女易之道□☑百生□□□易也

【彙校】

　　池田知久《馬王堆漢墓帛書〈要〉篇的研究》：緊接著「道」之下的一個
字，只能看見其一部分，很遺憾不能辨認。約缺八字。「以」，只能看見其一
部分，不清楚是否應該讀作「以」。「王」，也許是「生」字。「之」，只能看見
其一部分，不清楚是否應當讀作「之」。「之」以下約缺三個字。

　　廖名春《帛書釋〈要〉》：「吾告女（汝），《易》之道□□□□而不□□□
百生（姓）之□□□易也」句脫十字左右，不易補出。疑「而不」、「百生之」
應靠後一點，「百生」前為「此」字。「道」後有一字不清楚。此句可補作「吾
告女（汝），《易》之道□□，〔安其用〕而不〔樂其辭〕，此百生（姓）之〔好〕
《易》也」。這似乎是說，百姓好《易》，在於其卜筮之用，並不懂得其中蘊
含的深義。

　　裘錫圭《帛書〈要〉篇釋文校記》：「校」下之字，《陳廖》釋「戈」，讀
為「哉」，是正確的。「戈」字本從「戈」「才」聲，帛書「戈」字尚未簡化，
仍從「才」聲，所以《裘文》釋作「戈」。《池田A》將此字直接釋作「哉」，
《池田B》改為依帛書字形隸定。此字既可寫作「戈」，也可寫作「戈」，似
無必要加以隸定。《廖B》本「校」字後出現的不是「戈」，而是艮卦卦形，
不知是什麼緣故。「易之道」與「百」之間，約有九個字的地位。《陳廖》本
在其中的第五、第六字處，有「而不」二字（前後均為缺文號）。……《檢
討》指出，《陳廖》本此處的「而不□」，就是《池田A》所據照片第十三行
的「而不□」，把這一殘片置於此處沒有根據。……沒有要這一殘片，是比
較妥當的。（校按：「而不□」跟上條校記提到的「聞於无」在一塊殘片上。）
「百」下一字，……似當以釋「生」為是。……（校按：「百生」之上確有
其上一字殘留下來的筆劃，細審應是「此」字的殘筆。「百生」之下殘存「之」
字的左半，可與應由第八、九兩行移來的碎片上的「道」字之上的「之」字
右半拼合成整字。此處綴合後之釋文應為：「此百生之道□□易也。」疑原

文爲「此百生之道也，非易也。」）

郭沂《帛書〈要〉篇考釋》：今將全句試補如下：「易之道，〔存乎其辭也。其用者，〕此百姓之道〔之謂〕易也。」這種補法不一定符合帛書原貌，僅供參考。

【集釋】

池田知久《馬王堆漢墓帛書〈要〉篇的研究》：「校」，據朱駿聲《說文通訓定聲》作爲「覈」的假借字。《說文解字》有「覈，實也。考事両窨，邀遮其辭，得實曰覈。從両敫聲。」或者也可以是《集韻》的「校，疾也」之意。

廖名春《帛書釋〈要〉》：校通狡，狡可訓狂，又可訓戾。《集韻·巧韻》：「狡，犬吠。通作膠。」《漢書·外戚傳下·孝成趙皇后》：「即自繆死。」顏師古注：「繆，絞也。」故「校戈」即「謬哉」。

李學勤《帛書〈要〉篇及其學術史意義》：「校」疑讀爲「狡」，狡獪，是責備子貢的話。

鄧球柏《帛書周易校釋》（增訂本）：校，假借爲「謬」。荒謬。

郭沂《帛書〈要〉篇考釋》：《易》之道，存在於其『辭』。至於其卜筮之用，這是百姓對《易》的看法。

【按】

「易之道」下一字，《陳廖》、《池田 A》、《池田 B》、《廖 A》、《廖 B》、《裘文》皆以不清楚無法辨認而未釋，《廖 C》、《廖 D》釋「昔」。按此字形爲 ，稍有殘損，與《昭力》第十二行「昔之賢君」之「昔」 相近。揆之文義，後面講「文王作，諱而避咎，然後《易》始興」，此處應是講文王作《易》前的情形，因此廖先生釋「昔」是有道理的，可從。「校」後一字，《廖 C》和《裘文》釋「戈」，符合帛書原貌；《廖 B》作艮卦卦形，估計是誤書。裘先生認爲在一碎片上的「而不」二字，不在此處，是正確的。「百生」上一字殘損，只留下面一部分，《池田 A》、《池田 B》釋「以」，廖先生和裘先生認爲是「此」字。從殘存筆劃看，釋「此」應是正確的。「百生」後一字殘損嚴重，左邊筆劃稍存，但從其殘筆看，諸本釋「之」應是正確的。裘先生認爲，「百生」下可與從第八、九行移來的、上有「之道」的碎片相綴合，這樣「百生」下是「之道」二字。此碎片筆者從照片上看不到，暫存

疑。

此處缺文較多，學者提出的兩種試補方案：《易》之道□□，〔安其用〕而不〔樂其辭〕，此百生（姓）之〔好〕《易》也。」（廖名春先生補）或：吾告女，易之道，〔存乎其辭也。其用者，〕此百姓之道〔之謂〕易也（郭沂先生補）。揆之文義，似皆嫌迂曲，故暫闕疑待考。

故釋文為：

> 子曰：校戈，賜！吾告女，《易》之道，昔□□□□□□，此百生之□□□《易》也。

校，廖名春、李學勤先生認為通狡，可從。《大戴禮記‧子張問入官》「量之無狡民之辭」，俞樾《群經平議》按：「狡，當讀為校。」王聘珍解詁：「狡謂狡詐。」《山海經‧東山經》「見則其國多狡客」，郭璞注：「狡，狡猾也。」《廣雅‧釋詁四》：「狡，獪也。」子贛以孔子前言攻孔子現行之事，能言善辯，但實際上似是而非，故孔子以狡獪評之。然後，耐心向他講解文王創作《周易》之前，百姓對待《易》的態度，以及後來文王創作《周易》，從而使《易》道發生變化的意義。

此句意為：孔子說：狡獪呀，賜！我告訴你，《易》之道，過去……，這是百姓……《易》。

【釋文】

《陳廖》：故易剛者使知瞿（懼），柔者使知剛，愚人為而不忘（妄），儆（漸）人為而去詐。

《池田 A》：夫易，罔者使知瞿，柔者使知圖。愚人為而不忘，儆人為而去詐。

《池田 B》：夫易、罔者使知瞿、柔者使知圖。愚人為而不忘、儆人為而去詐。

《廖 A》：夫易剛者使知瞿，柔耂使知剛，愚人為而不忘，儆人為而去詐。

《廖 B》：夫易剛者使知瞿，柔耂使知剛，愚人為而不忘，儆人為而去詐。

《廖 C》：夫易，罔者使知瞿，柔老使知罔，愚人為而不忘，斬人
　　　　　為而去詐
《廖 D》：夫易剛者使知瞿，柔者使知剛，愚人為而不忘，斬人為
　　　　　而去詐。
《裘文》：夫易罔者使知瞿柔者使知圖愚人為而不忘斬人為而去詐。

【彙校】

　　池田知久《馬王堆漢墓帛書〈要〉篇的研究》：「斬」，也許是「斬」字。

　　裘錫圭《帛書〈要〉篇釋文校記》：《陳廖》本「故」字是「夫」的誤釋，這大概是筆誤。「夫易」下一字，……（校按：從照片看，當釋「罔」而讀為「剛」。）「柔者使知」之下一字，……（校按：從照片看應釋「圖」。）《陳廖》本的「斬」當從他本改作「斬」。這一錯誤大概是印刷造成的。《陳廖》本的「詐」當從他本改作「詐」而讀為「詐」。

【集釋】

　　池田知久《馬王堆漢墓帛書〈要〉篇的研究》：如果是「斬」字的話，這個字在《篇海》裏有「斬，立侍也。」這樣的話，在本篇中意思就不通了。可能是「漸」的假借字。《荀子·不苟》有「小人……知則攫盜而漸，愚則毒賊而亂。」楊倞注為「漸，進也。」再是《莊子·胠篋》有「知詐漸毒」，關於此，《經典釋文》有「李云，漸漬之毒不覺深也。崔云，漸毒猶深害。」但是，像《讀書雜志·荀子雜志》王引之主張的那樣是「漸，詐欺也。」「瞿」是「懼」的簡劃字或假借字。「使知懼」，可能與通行本《易經》繫辭下傳第七章的「其出入以度，外內使知懼。又明於憂患與故，无有師保，如臨父母」有關係。但是，後者又以「出入又度，外內皆瞿。又知患故，无又師保，而親若父母」這樣的形式另外存在於本書《易之義》篇裏。「圖」，《說文解字》有「圖，畫計難也。從口從啚。啚，難意也。」「使知圖」也許與本書《易之義》篇的「又知患故」和通行本《易經》繫辭下傳第七章的「又明於憂患與故」是同樣的意思。「詐」《說文解字》有「詐，慚語也。從言作聲。」這樣的話，在本篇中意思就不通了。一定是「詐」的假借字。「愚人為而不忘，斬人為而去詐」的意思可能是，「愚人」基於「易」「為」而不「忘」（或不「妄」），「斬人」基於「易」「為」而「去詐」。

廖名春《帛書釋〈要〉》：慚，通漸。《法言・淵騫篇》：「『叔孫通』。曰：『槧人也。』」劉師培《法言補釋》：「槧與漸同。蓋古『漸』或書作『槧』，與槧相似，故爾致訛。《書・呂刑》：『民興胥漸。』王引之引『漸』爲『詐』。又《荀子・不苟篇》云：『知則攫盜而漸。』《議兵篇》曰：『是漸之也。』《正論篇》曰：『上幽隱則下漸詐矣。』《莊子・胠篋》曰：『知詐漸毒。』諸『漸』字均當訓『詐』。蓋楊子以叔孫通爲詐人也。夫叔孫通之所爲無一而非譎詐。又《五百篇》以魯二臣不受通徵，稱爲大臣，則楊子之嫉通也久矣。故以『漸人』斥之。」慚人學《易》而能「去詐（詐）」，足見慚人即漸人，亦即詐人。

鄧立光《從帛書〈易傳〉看孔子之〈易〉教及其象數》：《周易》之道德感染力能使讀者有所反省，剛強者有所懼，柔弱者能堅強，愚人不至妄爲，漸人不入詐僞。此爲《周易》之教化功能。

李學勤《帛書〈要〉篇及其學術史意義》：「慚」從「斬」聲，讀爲「讒」。

鄧球柏《帛書周易校釋》（增訂本）：剛強的人使他知道恐懼，柔弱的人使他懂得剛強，愚蠢的人爲而不忘，慚愧的人讓他的行爲去掉欺詐。

趙建偉《出土簡帛周易疏證》：「慚」，可讀爲「僭」或「譖」，不信之義。

郭沂《帛書〈要〉篇考釋》：愚人爲而不妄，漸人爲而去詐。「忘」，今依《陳廖》破讀爲「妄」。「慚」，今依《陳廖》讀。王引之曰：「漸，詐欺也。」《易》這部書，能讓剛強者懂得恐懼，柔弱者懂得圖謀，愚蠢的人有所作爲而不狂妄，欺詐的人有做作爲而克除奸詐。

【按】

「易」上一字稍嫌模糊，《陳廖》誤釋「故」，其餘諸本釋「夫」是正確的。「柔」下一字，釋「老」符合帛書原貌。「柔老使知」下一字，《陳廖》、《廖A》、《廖B》、《廖D》釋「剛」，《廖C》釋「岡」，《池田A》、《池田B》、《裘文》釋「圖」。按此字形爲 ，其外部筆劃爲口，與上句「岡者使知瞿」之岡 不類，故此字斷非岡字。此字形可與馬王堆帛書《九主》第358行「九主成圖」之圖 相比勘。〔註12〕揆之文義，釋「圖」較妥，可從。「忘」下一字，《陳廖》釋「慚」，《池田B》從之，其餘諸本皆釋「慚」。按此字右邊筆劃爲「斤」無疑，故釋「慚」是正確的。「去」下一字，《陳廖》釋「詐」不符合

〔註12〕陳松長編著《馬王堆簡帛文字編》，文物出版社，2001年，第258頁。

帛書原貌，裘先生指出當從他本改作「詐」而讀爲「詐」，是正確的。

因此，釋文當爲：

> 夫《易》，岡者使知瞿，柔乬使知圖；愚人爲而不忘，慚人爲而去詐。

圖，謀慮、謀取之意。《詩·小雅·常棣》「是究是圖」，毛傳：「圖，謀也。」《論語·述而》「不圖爲樂之至於斯也」，皇侃義疏：「圖，猶謀慮也。」《戰國策·秦策四》「而天下可圖也」，高誘注：「圖，取。」陳松長、廖名春、郭沂諸先生認爲慚通漸，甚確。漸人即詐人，廖先生論之甚確。愚人和漸人爲對文，義取相反，愚人乃愚直、智不足之人，漸人則指詐欺之人。鄧球柏先生解慚爲慚愧，趙建偉先生訓爲僭或譖，皆不確。

此句意爲：《周易》，可以使剛強的人懂得畏懼，柔弱的人懂得謀取，愚直的人做事不妄爲，詐欺的人做事去掉欺詐。

【釋文】

《陳廖》：文十五行王仁，不得其志以成其慮，紂乃無道，文王作，諱而關（避）咎，然後易始興也。

《池田 A》：文第十五行王仁不得亓志，以成亓慮。紂乃无道，文王作謹而闢咎，然後易始興也。

《池田 B》：文第十五行王仁、不得亓志、以成亓慮。紂乃无道、文王作、諱而闢咎、然後易始興也。

《廖 A》：文 15 行王仁，不得亓志，以成亓慮。紂乃无道，文王作，諱而闢咎，然後易始興也。

《廖 B》：文一五行王仁，不得亓志，以成亓慮。紂乃无道，文王作，諱而闢咎，然後易始興也。

《廖 C》：文 15 行王仁，不得亓志，以成亓慮。紂乃无道，文王作，諱而闢咎，然後易始興也。

《廖 D》：文一五行王仁，不得亓志，以成亓慮。紂乃无道，文王作，諱而闢咎，然後易始興也。

《袞文》：⋯⋯紂乃无道文王作諱而闕咎然後易始興也

【彙校】

裘錫圭《帛書〈要〉篇釋文校記》：「作」下一字，《池田 A》誤釋「謹」，《池田 B》已據《陳廖》改正。「然」下之字，⋯⋯作「後」，當合乎帛書原貌。（校按：此字確是「後」。）

【集釋】

李學勤《帛書〈要〉篇及其學術史意義》：這與今傳本《繫辭下》「《易》之興也，其於中古乎？作《易》者，其有憂患乎？」「《易》之興也，其當殷之末世、周之盛德乎？當文王與紂之事乎邪？」彼此完全一致。由此可知，孔子所講《周易》有古之遺言，正是指文王之教。

鄧球柏《帛書周易校釋》（增訂本）：文王仁義，不得志而無法成功他的深謀遠慮。紂王無道，文王作，避諱而辭咎，然後《周易》熱開始興起。

郭沂《帛書〈要〉篇考釋》：周文王仁德，但他不得其志以實現宏圖。殷紂王殘暴無道，這時文王便興起。文王隱瞞自己的志向以避罪，致力於創作《周易》，然後《易》道大興。

【按】

「文王作」後一字，《池田 A》釋「謹」誤，其餘諸本釋「諱」是正確的。「得」下一字，釋「亓」符合帛書原貌。「紂」後一字，《廖 C》釋「乃」，符合帛書原貌。「然」下一字，《陳廖》、《廖 A》、《廖 B》釋「後」，其餘諸本釋「後」。從照片看，此字為「後」無疑。

故釋文為：

文十五行王仁，不得亓志，以成亓慮。紂乃无道，文王作，諱而闕咎，然後《易》始興也。

慮為謀。《爾雅·釋詁上》：「慮，謀也。」《呂氏春秋·安死》「為無窮者之慮」，高誘注：「慮，謀也。」郭沂先生訓諱為隱瞞，甚確。《楚辭·七諫·謬諫》「恐犯忌而干諱」，王逸注：「所隱為諱。」《玉篇·言部》：「諱，隱也。」此處「易」指《周易》。興為作。《周禮·地官·舞師》「凡小祭祀則不興舞」，鄭玄注：「興，猶作也。」《呂氏春秋·義賞》「姦偽賊亂貪戾之

道興」，高誘注：「興，作也。」《易》始興，即《周易》始作。《繫辭下》：「《易》之興也，其於中古乎？作《易》者，其有憂患乎？」是《易》（《周易》）之興，即《易》（《周易》）之作。

此句意爲：文王有仁德，但不得實現他的心志，以成就他的謀慮。紂王殘暴無道，文王要興起，他隱瞞自己的心志以避禍，然後《周易》始作。

【釋文】

《陳廖》：予樂其知之□□□之□□□予何曰（？）事紂乎？

《池田 A》：予樂亓知之□，□□之自□□。予何止隻紂乎。

《池田 B》：予樂亓知之□、□□之自□□。予何止事紂乎。

《廖 A》：予樂亓知之□□□之□□□予何□□事紂乎？

《廖 B》：予樂其知之□□□之□□□予何□□事紂乎？

《廖 C》：予樂亓知之□□□自□予何□王事紂乎？

《廖 D》：予樂亓知之□□□之自□□。予何□王事紂乎？

《裘文》：予樂亓知之□□□之自□□予何□事紂乎

【彙校】

池田知久《馬王堆漢墓帛書〈要〉篇的研究》：「知之」下缺三字。「自」下缺二字。「止隻」二字，是否分別讀成這個字，不確切。

廖名春《帛書釋〈要〉》：「予樂其知之□□□之□□□予何□□事紂乎」句，中間脫八字左右，不易補出。從上下文義看，孔子是稱讚周文王的智慧，認爲《周易》中凝聚著周滅商的歷史經驗，不學《易》，就難以懂得周文王是如何對待商紂王的。因此，後一段可試補爲：「〔不學《易》〕，予何〔以知文王之〕事紂乎？」不過，從照片上看，「何」字與「事」之間只有一字，「何」字左邊有一小點，這也算一字的話，最多也只有兩字。如果帛書此處沒有拼錯，就是原文有脫字。

裘錫圭《帛書〈要〉篇釋文校記》：「予何」之下二字，第二字沒有問題是「事」字，第一字難以確釋，以打缺文號爲妥。《廖 A》本比他本多打一個缺文號，不知何故。（校按：照片上「何」字左下方似有一旁注之字，所以《廖

A》多打了一個缺文號。）

　　郭沂《帛書〈要〉篇考釋》：予樂亓知之〔自得，德〕之自〔生也〕。予何〔樂其〕事紂乎！「自得，德」三字原殘，今試補。「生也」二字原殘，今試補。「予何」之下，今依文義試補「樂其」二字。

【集釋】

　　趙建偉《出土簡帛周易疏證》：「知」疑當作「辭」，此「樂其辭」與前面的「不安其用而樂其辭」相照。

　　郭沂《帛書〈要〉篇考釋》：令我高興的是，文王的智慧是自得的，德行是自生的。我哪裏會爲文王曾經屈辱地侍奉紂王而高興呢！

【按】

　　此處缺文較多。「知之」至「之」約缺三字。「之」下一字殘損，《陳廖》、《廖 A》、《廖 B》無釋，其餘諸本釋爲「自」。按此字形爲 ，左邊殘損，可與馬王堆帛書《雜禁方》第 7 行的「自」 相比勘。〔註13〕因此，此字釋爲「自」是正確的。「自」下約缺二字。「何」左下方有一方形墨點，應該是一個字，廖先生認爲可能是脫補的一個字，裘先生認爲可能是一旁注之字，二說皆有可能。此墨點下一字殘損過甚，模糊難辯，《陳廖》釋「曰」，但無把握。《池田 A》、《池田 B》釋「止」，《廖 C》、《廖 D》釋「王」。其餘諸本無釋。細審照片，此字形與曰、止、王皆不類，似暫以闕疑爲妥。「紂」上一字，《池田 A》誤釋爲「隻」，《池田 B》已從《陳廖》改爲「事」。

　　故釋文爲：

　　　予樂亓知之□□□之自□□予何□□事紂乎。

【釋文】

《陳廖》：子贛曰：夫子亦信其筮乎？

《池田 A》：子贛曰，夫子亦信亓筮乎。

《池田 B》：子贛曰、夫子亦信亓筮乎。

〔註13〕陳松長編著《馬王堆簡帛文字編》，文物出版社，2001 年，第 137 頁。

《廖 A》：子贛曰：夫子亦信亓筮乎？

《廖 B》：子贛曰：夫子亦信亓筮乎？

《廖 C》：子贛曰：夫子亦信亓筮乎？

《廖 D》：子贛曰：夫子亦信亓筮乎？

《裘文》：子贛曰夫子亦信亓筮乎

【集釋】

池田知久《馬王堆漢墓帛書〈要〉篇的研究》：「夫子亦信亓筮乎」，可能是問相信作為卜筮的《易》嗎？……筆者根據以上的研究認為，在前漢初期的當時，將儒教的倫理思想、政治思想附會於只具有專門作為卜筮性質的《易》中，爾後又使它轉變為作為經書的《易》，不外就是這《馬王堆帛書易傳》。

【按】

「信」後一字釋「亓」，符合帛書原貌。

故釋文為：

子贛曰：夫子亦信亓筮乎？

亓，應指《周易》。「信亓筮」，即相信《周易》的占筮之用。

此句意為：子贛問：夫子也相信《周易》的占筮之用嗎？

【釋文】

《陳廖》：子曰：吾百占而七十當，唯周梁山之占也，亦必十六行從
其多者而已矣。

《池田 A》：子曰，吾百占而千當。唯周梁山之占也，亦必第十六行從
亓多者而已矣。

《池田 B》：子曰、吾百占而千當。唯周梁山之占也、亦必第十六行從
亓多者而已矣。

《廖 A》：子曰：吾百占而七十當，唯周梁山之占也，亦必 16 行從
亓多耂而已矣。

《廖 B》：子曰：吾百占而卡當，唯周梁山之占也，亦必一六行從亓
多老而已矣。

《廖 C》：子曰：吾百占而卡當，唯周梁山之占也，亦必從亓多者
而已矣。

《廖 D》：子曰：吾百占而七十當，唯周梁山之占也，亦必一六行從
亓多老而已矣。

《裘文》：子曰吾百占而才當唯周梁山之占也……

【彙校】

　　裘錫圭《帛書〈要〉篇釋文校記》：「當」上一字，……西漢隸書，「七十」合文與「才」形近，二者豎畫上端都突出在橫畫之上。「干」字豎畫則不出頭。看來，此字絕對不會是「干」字。（校按：此字原作「卡」，決非「干」字。西漢早期的「干」字，上端仍沿襲篆文寫法作倒「入」形，參看《秦漢魏晉篆隸字形表》138 頁。）如釋此字爲「才」，就應訓爲「方始」或「僅只」。但在先秦和秦漢文獻中，似乎還沒有發現過這種用法的「才」字。而且《要》篇已有「蠿」（纔）字（「吾好學而蠿聞要」，見第八至九行），極少有可能又用這種「才」字。所以我在寫《裘文》時釋此字爲「才」，是不對的，似應從《陳廖》釋爲「七十」合文。「周」下一字，《陳廖》作從「木」的「梁」，他本都作從「米」的「梁」，後者當合乎帛書原貌。（校按：此字確從「米」。）二字古通。

【集釋】

　　池田知久《馬王堆漢墓帛書〈要〉篇的研究》：「百占」，參照《史記·龜策傳》「書建稽疑，五謀而卜筮居其二，五占從其多，明有而不專之道也」之「五占」。「干」是「罕」的簡劃字或假借字。《爾雅·釋詁》有「希，罕也。」「吾百占而干當」一句，可能是夫子對子贛「夫子亦信亓筮乎」這一提問的否定性回答。「梁」是「梁」的假借字。「梁山」即「梁山」。「周梁山」，《孟子·梁惠王下》有「昔者大王居邠，狄人侵之。……去邠、踰梁山、邑於岐山之下居焉。」可能就是這個「梁山」。《淮南子·泰族》、《史記·周本紀》、《吳越春秋·太伯傳》、伏生《尚書大傳·略說》等也載有大王亶父「踰梁山」同類的傳說，但是，這些典籍中，好像都沒有關於「梁山之占」的記

載。因此，正確的內容未詳。從本篇的文脈來推測的話，這「梁山之占」，好像是指「大王」「去邠踰梁山」之時，為卜知周可否在那個地方的「岐山之下」建國而進行的「占」。附帶說一下，《詩經・大雅・綿》有「古公亶父，來朝走馬。率西水滸，至於岐下。爰及姜女，聿來胥宇。周原膴膴，堇荼如飴。爰始爰謀，爰契我龜，曰止曰時，築室於茲。」這也是歌頌建國於「岐下」的敘事詩。這詩儘管不是卜筮，但有「爰契我龜」可供參考。「亦必從亓多者而已矣」的大意可能是，關於前面的「梁山之占」占卜周可否建國於「岐山之下」，相信「多數」巫祝占斷其可的正確性。上引的《史記・龜策傳》有「五占從其多」，《書經・洪範》有「立時人作卜筮。三人占，則從二人之言」。孔子與子贛的問答，感到好像到此就結束了，但是「子曰，易我後亓祝人矣」以下，也可以看作對上文子贛「夫子亦信亓筮乎」這一提問的回答，因此，一直到下文的「祝巫卜筮亓後乎」，我想把它作為同一章。

廖名春《帛書釋〈要〉》：「子曰：吾百占而七十當，唯周梁山之占也，亦必從其多者而已矣」這一段頗為費解。這是對「子贛曰：夫子亦信其筮乎」的回答，看來，孔子也信筮，他「從其多者而已矣」，順應社會習俗。這與《荀子・天論》所謂「卜筮然後決大事，非以為得求也，以文之也」說是一致的。先秦儒家重德輕筮，但並不完全否定卜筮。《呂氏春秋・壹行》記「孔子卜，得《賁》」，《說苑・反質》卜作卦，《孔子家語・好生》則說「孔子常自筮，其卦得《賁》焉」。這些記載與「吾百占而七十當」說皆可互證。「唯周梁山之占也」句，梁通梁。銀雀山漢墓竹簡《孫臏兵法・擒龐涓》「梁君」就寫作「梁君」。「梁山之占」出典不清。《史記・龜策列傳》云：「自三代之興，各據禎祥。塗山之兆從，而夏啓世；飛燕之卜順，故殷興；百穀之筮吉，故周王。」《考證》：「禹娶於塗山氏，生啓；簡狄見玄鳥墮卵，生契；后稷播百穀。」皆與「梁山之占」無涉。《孟子・梁惠王下》記周太王為避狄人「去邠，踰梁山，邑於岐山之下居焉……從之者如歸市」，不知是否與此「唯周梁山之占也，亦必從其多者而已矣」說有關？待考。

鄧立光《從帛書〈易傳〉看孔子之〈易〉教及其象數》：孔子言百占而七十當，則孔子有豐富之占筮經驗可知，且有大事則占，如「修《春秋》，九月而成，卜之，得『陽豫』之卦。」（《儀禮・士冠禮》疏引《春秋演孔圖》）無怪乎子貢質疑孔子是否信筮。孔子不答覆信然與否，而是先言占中率甚高，復引周梁山（按：無考）必從占筮之結果從事，此因占而有中之故。孔子不

言「信」而言「從」，用字十分謹慎。「信」由中出，「從」則事實如此，縱使不信亦不得不從，即不可否認占筮之預測功能。不言「信」則不入史巫之疇，言「從」則尊重客觀事實。

李學勤《帛書〈要〉篇及其學術史意義》：子貢問道：「夫子亦信其筮乎？」子貢所指是文王之筮。……占筮百次就會有七十次是占中的，周梁山之占也不過是從其結果的多數。所謂梁山之占，應該是文王的一項重大占筮。梁山在周，《史記·周本紀》載古公「去豳，度漆、沮，逾梁山，止於岐下」。這次占筮的詳情，史缺有間，目前已難推考，但由孔子的口氣看，他認為占筮只是從其多數，對於這種數術實際是不相信的，至少是不承認其神秘的性質。

王博《〈要〉篇略論》：第十六行，《陳廖》本「子曰：吾百占而七十當」，《池田A》本「七十」作「干」，義為「罕」，當從《池田A》本。「子曰」後之語在回答子貢「夫子亦信其卜筮乎」之問，意在說明卜筮之不可信，若說「吾百占而七十當」，於義正相反，與後文亦不合。

鄧球柏《帛書周易校釋》（增訂本）：孔子說：我占筮一百次只有七十次占中了，只有周梁山之占，也必須服從多數呀！

郭沂《帛書〈要〉篇考釋》：「周梁山」，山名，位置不詳，當為孔子周遊列國所經之地。「從其多者」，謂多次占筮，各有吉凶，最後接受屬多數之結果，即吉多從吉，凶多從凶。孔子回答說：「我占一百次有七十次是應驗的。只有在周梁山占的那次，經過多次占筮，各有吉凶，最後也必須接受屬多數之結果，即吉多從吉，凶多從凶而已。」

【按】

「當」上一字，應為「七十」合文，《廖B》、《廖C》釋「卡」符合帛書原貌。《池田A》、《池田B》釋「干」、《裘文》釋「才」皆不確，裘先生論之甚詳。「周」下一字下部從米，《陳廖》、《池田A》、《廖B》、《廖C》釋「梁」不確，其餘諸本釋「梁」符合帛書原貌。「從亓多」後一字」釋「老」，符合帛書原貌。

故釋文當為：

子曰：吾百占而卡當。唯周梁山之占也，亦必十六行從亓多老而已矣。

當爲中。《莊子·寓言》「鳴而中律」，成玄英疏：「當，中也。」《呂氏春秋·知度》「而欲發之當也」，高誘注：「當，中也。」占而當，即占而中。梁山即梁山。周梁山之占，史籍無載。池田知久、廖名春、李學勤諸先生認爲，周梁山或與史籍所載的「大王踰梁山」有關，周梁山之占或許是周人的一次占筮活動。鄧立光先生認爲周梁山是人名。郭沂先生認爲，周梁山當爲孔子周遊列國所經之地。筆者認爲郭沂先生的意見富有啓發性，周梁山之占或許是孔子經過周梁山時所進行的一次占筮。古人占問事情有不同的占法：如一事由一人占，不論占筮情況如何，則從其結果，吉則從吉，凶則從凶。如一事由多人占，則不同。《尙書·洪範》載：「立時人作卜筮，三人占，則從二人之言。」這是由三人筮占一事的情況：三人占一事，其筮占結果只有兩種：或兩人所筮相同，另一人異；或三人全同。其最後決策或三人從兩同者，或從三人全同者，總之一定是從其多者。當然也可能不止三人，但總之是從其多者，多人言吉則從吉，多人言凶則從凶。孔子所言「百占而七十當」，應指由他一人占一事的情況。而周梁山的這次占筮，可能是由多人占一事，而其結果，是從其多者。

此句意爲：孔子曰：我一百次筮占，有七十次占中，（這是我一人占的情況）。惟獨周梁山占的那一次，（由多人占，）也一定是從其多者而已。

【釋文】

《陳廖》：子曰：易，我復其祝卜矣，我觀其德義耳也。

《池田A》：子曰，易我后亓祝人矣。我觀亓德義耳也。

《池田B》：子曰、易我后亓祝人矣、我觀亓德義耳也。

《廖A》：子曰：易，我後亓祝卜矣！我觀亓德義耳也。

《廖B》：子曰：易，我後亓祝卜矣！我觀亓德義耳也。

《廖C》：子曰：易我後亓祝卜矣！我觀亓德義耳也。

《廖D》：子曰：易，我後亓祝卜矣！我觀亓德義耳也。

《裘文》：子曰易我後亓祝卜矣……

【彙校】

裘錫圭《帛書〈要〉篇釋文校記》:「我後亓祝卜矣」句,《陳廖》誤釋「後」為「復」,《池田 A》、《池田 B》誤釋「卜」為「人」。

【集釋】

李學勤《從帛書〈易傳〉看孔子與〈易〉》:文中的「德義」二字,不能作道德、仁義解。《繫辭上》:「子曰:『夫《易》何為者也?夫《易》開物成務,冒天下之道,如斯而已者也。是故聖人以通天下之志,以定天下之業,以斷天下之疑。是故蓍之德圓而神,卦之德方以知(智),六爻之義易以貢。聖人以此洗心,退藏於密,吉凶與民同患。神以知來,知(智)以藏往。……』」孔子所觀的「德義」,當即這裡所說的蓍、卦之德,六爻之義,也就是神、智和變易。用現在的術語說,孔子只注意《周易》的哲學性質,用哲學的眼光去理解《周易》。

池田知久《馬王堆漢墓帛書〈要〉篇的研究》:「易我後亓祝人矣。我觀亓德義耳也」的意思是評價作為占卜之《易》,不如作為儒教倫理思想、政治思想之《易》。「德義」,本書《易之義》篇有「亓[易]興也,於中古乎。作易者,亓又患憂與。之卦九者,贊以德而占以義者也」。李學勤的論文《從帛書〈易傳〉看孔子與〈易〉》認為這「德義」不是「道德、仁義」之意,而是「蓍、卦之德,六爻之義」,恐怕不是這樣的,這「德義」大體上是與荀子後學所作《荀子・大略》「善為易者不占」同一方向上的思想。

廖名春《帛書釋〈要〉》:孔子在卜筮問題上有從眾的一面,並不完全否定其作用,故云「《易》,我後其祝卜矣」。但他學《易》的重心不在於筮占,故云「我觀其德義耳也」。

鄧球柏《帛書周易校釋》(增訂本):《周易》我撇開它的祝卜成份,我觀察其中的品德仁義。

趙建偉《出土簡帛周易疏證》:「復」同「覆」,相反之義。與祝卜相反即下文的「殊歸」(「復」也可能當作「後」。此言我把祝卜之事看得很輕,關鍵是考察其德義。後文「祝巫卜筮其後乎」與此同)。

郭沂《帛書〈要〉篇考釋》:「後」,置後,這裡指把祝卜放在次要的地位。對於《易》,我是把它祝卜的作用放在次要地位的,我所考察的主要是它的德義。

【按】

「我」後一字，《廖 A》釋「復」誤，《池田 A》、《池田 B》釋「后」不符合帛書原貌，應從其餘諸本釋「後」。「祝」後一字，《池田 A》、《池田 B》釋「人」誤，應從其餘諸本釋「卜」。

故釋文為：

子曰：《易》我後亓祝卜矣，我觀亓德義耳也。

後，鄧球柏先生釋為撇開，趙建偉先生解為看得很輕，郭沂先生解為置後，恐皆不确。後應為晚。《國語・晉語六》「君之殺我也後矣」，章昭注：「後，晚也。」《廣雅・釋詁三》：「後，晚也。」祝卜，鄧球柏先生釋為祝卜成份，趙建偉先生解為祝卜之事，郭沂先生解為祝卜的作用，恐皆不確。按祝、卜應指祝人和卜人。祝、卜為古代交通鬼神之官，祝人主要以辭悅神，卜人主掌龜卜之占，各有分職，但又皆兼《易》占。《左傳・僖公十五年》：「秦伯伐晉。卜徒父筮之，……對曰：『……其卦遇《蠱》……』」，是證卜人徒父能以《易》占。《左傳・閔公二年》：「成季之將生也，桓公使卜楚丘之父卜之，又筮之，遇《大有》之《乾》。」按古代祝宗卜史等事神之官傳承實行「疇人」制度，父官子襲，是卜人楚丘之父定為卜者。《左傳》所言楚丘之父「卜之，又筮之，遇《大有》之《乾》」，正證卜人主掌卜占，同時兼掌《易》占。《左傳・定公四年》記武王分封魯國曰：「昔武王克商，……分魯公……分之土田陪敦、祝宗卜史」，是魯國始建，周武王分賜給祝宗卜史等官。《周易》當由這些人帶到魯國，並傳承下來，《易》占也當由這些人傳承。孔子學習《易》占、并能得到《周易》文本而學習研究，當本之這一類人。這些祝人、卜人一生都在專業學習《易》占和《周易》，而孔子到晚年才得以集中學習研究《周易》，故他自言自己學習《周易》比那些祝人、卜人晚。故「《易》我後亓祝卜矣」，其意當為：對於《易》，我（學習它）晚於那些祝人、卜人呀！

德義，李學勤先生認為不能作道德、仁義解。李先生引《繫辭上》「是故蓍之德圓而神，卦之德方以知（智），六爻之義易以貢。聖人以此洗心，退藏於密，吉凶與民同患。神以知來，知（智）以藏往」，認為孔子所觀的「德義」，當即這裡所指的蓍、卦之德，六爻之義，也就是神、智和變易。李先生觀點很有啟發性。池田先生不同意李先生觀點，認為德義應是儒教倫理思想、政治思想意義上的。筆者管見，認為「德義」之德即道德之德，義即仁義之義，

「德義」二字典型體現了儒家道德哲學的特徵。

此句意為：孔子曰：對於《易》，我（學習它）晚於那些祝人、卜人呀，我觀察它其中的道德仁義呀！

【釋文】

《陳廖》：幽贊而達乎數，明數而達乎德，又（？）仁□者而義行之耳。

《池田A》：幽贊而達乎數，明數而達乎德，又仁□□者而義行之耳。

《池田B》：幽贊而達乎數，明數而達乎德，又仁□□者而義行之耳。

《廖A》：幽贊而達乎數，明數而達乎德，又仁〔守〕耂而義行之耳。

《廖B》：幽贊而達乎數，明數而達乎德，又仁〔守〕耂而義行之耳。

《廖C》：幽贊而達乎數，明數而達乎德，又〔仁〕耂而義行之耳。

《廖D》：幽贊而達乎數，明數而達乎德，又仁〔守〕耂而義行之耳。

《裘文》：……又□□者而義行之耳……

【彙校】

池田知久《馬王堆漢墓帛書〈要〉篇的研究》：「又」也許是別的字。「仁」也許是別的字。「仁」後缺二字。「義」字也許是其他的字。

廖名春《帛書釋〈要〉》（附注）：當補「守」字是王博先生與我的一次討論中王先生提出來的。

裘錫圭《帛書〈要〉篇釋文校記》》：「又」下一字，……原字一定是不完整或不清晰的。（校按：此字以存疑為妥。）在此字與「者」字之間，《池田A》、《池田B》打了兩個缺文號，但《陳廖》、《廖A》、《裘文》都認為只有一個缺字。……認為合起來只缺一個字，似較可信。但《廖A》以意補此字為「守」，恐不可信。

郭沂《帛書〈要〉篇考釋》：「又（有）」下之字，……今暫補為「存」。

【集釋】

池田知久《馬王堆漢墓帛書〈要〉篇的研究》：「幽贊」與「數」，通行本

《易經》說卦傳第一節有「昔者聖人之作易也，幽贊於神明而生蓍，參天兩地而倚數。」《經典釋文》解「幽贊」「本或作讚。子旦反。幽，深也。贊，明也。」「數」音「色具反」。本書《易之義》篇作「……[幽贊]於神明而生占也，參天兩地而義數也。」「幽贊而達乎數」的意思是，深明咒術、宗教的「神明」世界而通曉《易》所包含的數理系統。「明數而達乎德」的意思是，解明《易》之數理系統，而達到作為目的的儒教的「德義」。以上兩句整個是在提倡，以人間的咒術、宗教的東西為出發點，並經過將它導入《易》的數理系統中的過程，最終把人提高到具有儒教的「德義」之道，並將這樣的倫理的、政治的修業之道路圖式化。

廖名春《帛書釋〈要〉》：他（孔子）是如何將筮占與德義統一起來，從《周易》中引發出哲學的呢？這一段話就是回答：「幽贊而達乎數，明數而達乎德，又仁〔守〕者而義行之耳。」「幽贊而達乎數」疑本於《說卦傳》「幽贊於神明而生蓍，參天兩地而倚數」。演易生蓍是鬼謀，故云「幽贊」。贊本訓祝，引申為占。演易必須「倚數」，故云「達乎數」。「明數而達乎德，又仁〔守〕者而義行之耳」即《說卦傳》「和順於道德而理於義，窮理盡性以至於命」之意。「仁〔守〕者而義行之」說又見於《荀子・不苟》：「君子養心莫善於誠；致誠則無它事矣；唯仁之為守，唯義之為行。誠心守仁則形，形則神，神則能化矣。誠心行義則理，理則明，明則能變矣。」……而《要》篇此說卻認為要打通天道和人道，君子要通過學《易》，由「贊」而「明數」，由「明數」而「達乎德」。在其作者看來，好《易》者下等為巫，只知用《周易》占筮；中等為史，不但知占筮，而且「明數」，懂得利用易數去推步天象曆法；上等為君子，不但懂得用易數去推測天文時曆，而且能「達乎德」，從天道中推出人道，並且以仁守之，以義行之。這一論述，其重要性不在於對史巫之筮的批判和貶低，而在於它提出一種新的君子的標準，即君子不但要「守道」，而且要溝通天人；不但要修德，而且還得「明數」。……帛書的這一段話，與《禮記・郊特牲》語也很相似：「禮之所尊，尊其義也。失其義，陳其數，祝史之事也。故其數可陳也，其義難知也。知其義而敬守之，天子之所治天下也。」雖然，這一是講禮，一是講《易》，一是要「達乎德」，一是要「尊其義」，但精神是相通的，「祝史」於禮「失其義，陳其數」，「史巫」於《易》「數而不達於德」，都是舍本逐末，君子不為。由此可見，帛書所載孔子的治《易》方法並非偶然，重德義是先秦儒家的基本精神、基本傳統。

鄧球柏《帛書周易校釋》（增訂本）：幽贊於神明而通達於筮策數，明瞭筮策數而通達於品德。

趙建偉《出土簡帛周易疏證》：「幽贊」，深明宇宙間的神奇現象（即《說卦》「幽贊於神明而生蓍」的省文）。「達數」，精通《周易》的占法蓍數。「達德」，領悟《周易》的真正底蘊（如「足以觀天地之變」的「古之遺言」）。此「德」與前文的「德義」同。

郭沂《帛書〈要〉篇考釋》：「幽贊」一詞又見於《說卦》第一章「幽贊於神明而生蓍」一語。荀爽曰：「幽，隱也。」俞琰曰：「贊，助也。」「幽贊於神明」，謂暗助於神明，即得神明暗中相助。本章雖不云「神明」，但其「幽贊」仍為「幽贊於神明」之意。《易》的內容包含了三個由底而高的層面。由幽贊便可進一步曉達數；明白了數，便可進一步曉達德。德，有仁來存養它，有義來行施它。

【按】

裘先生認為「又」下一字模糊不清，存疑為妥，故《裘文》無釋。其餘諸本釋「仁」。按細審照片，此字形雖有殘損，但比較清楚，諸本釋「仁」應是正確的。「仁」下字已殘缺，從照片字距看，應存一字。《池田 A》、《池田 B》認為殘缺兩字，不確。王博、廖名春先生補此字為「守」，可從。「仁守」見於《論語・衛靈公》：「子曰：知及之，仁不能守之，雖得之必失之。知及之，仁能守之，不莊以涖之，則民不敬。知及之，仁能守之，莊以涖之，動之不以禮，未善也。」「而義」上一字釋「老」，符合帛書原貌。

故此釋文當為：

幽贊而達乎數，明數而達乎德，又仁〔守〕老而義行之耳。

此數語與《說卦》有關。「幽贊而達乎數」，即《說卦》「幽贊於神明而生蓍，參天兩地而倚數」。幽贊，即「幽贊於神明而生蓍」。古人認為蓍草為神靈之物，而用為《易》占。《說文》：「蓍，蒿屬，生千歲，三百莖，《易》以為數。」《論衡》：「七十歲生一莖，七百歲生十莖，神靈之物，故生遲也。」《史記》：「生滿百莖者，其下必有神龜守之，其上常有雲氣覆之。」《淮南子》：「上有叢蓍，下有伏龜。」幽贊，韓康伯注：「幽深也，贊明也。」孔穎達疏：「幽者，隱而難見，故訓為深也。贊者，佐而助成，而令微者得著，故訓為明也。」蘇軾曰：「介紹以傳命謂之贊。天地鬼神不能與人接也，故以蓍龜為

之介紹。」故幽贊於神明而生蓍，意指人通過蓍草之靈，與鬼神交通，暗求鬼神之助，得吉獲福。達乎數，即「參天兩地而倚數」。韓康伯注：「參奇也，兩耦也。七九陽數，六八陰數。」孔穎達疏：「倚立也。既用蓍求卦，其揲蓍所得，取奇數於天，耦數於地，而立七八九六之數，故曰參天兩地而倚數也。」故數指七八九六蓍策之數。「達乎德」之德，即《說卦》「和順於道德而理於義」之道德。乎與於同，「達乎數」即達於數，「達乎德」即達於德。達為達到之意，用法同《尚書・禹貢》「浮於濟漯，達於河」。趙建偉先生釋達為通曉，不確。關於此句大義，池田先生分析甚為精當。孔子認為學《易》包括幽贊、明數、觀德三個依次遞陞的階段和層次，必須最後達到德義的高度。

此句意為：暗求鬼神佐助，而達於蓍策之數；明了蓍策之數，而達於道德，守仁行義。

【釋文】

《陳廖》：贊而不達於數，則其為之巫；數而不達於德，則其為之史。

《池田A》：贊而不達於數，則亓為之巫。數而不達於德，則亓為之史。

《池田B》：贊而不達於數、則亓為之巫。數而不達於德、則亓為之史。

《廖A》：贊而不達於數，則亓為之巫；數而不達於德，則亓為之史。

《廖B》：贊而不達於數，則亓為之巫；數而不達於德，則亓為之史。

《廖C》：贊而不達於數，則亓為之巫；數而不達於德，則亓為之史。

《廖D》：贊而不達於數，則亓為之巫；數而不達於德，則亓為之史。

《裘文》：……

【集釋】

池田知久《馬王堆漢墓帛書〈要〉篇的研究》：「贊而不達於數，則亓為之巫」，是欲在「巫——史——君子」這樣的人的等級系列中，把「巫」放在最低的位置。「為之巫」，請參照前面所引的《論語・子路》「人而無恒，不可以作巫醫」和《禮記・緇衣》「人而無恒，不可以為卜筮」這樣的南人之言。

《論語》《禮記》這樣的解釋，正好是皇侃《論語義疏》所引的一說和朱熹《論語集注》所提倡的，因帛書《周易》《要》篇的出現而開始弄清楚了它的正確性。自不待言，是與「贊──數──德」這樣的德義系列相對應而考慮「巫──史──君子」這樣的等級系列的。關於「數」與「史」的關係，內藤湖南在《支那史的起源》（全集本，第七卷，築摩書房，一九七○年二月）裏講到：「最初所謂的史的職務，大概是掌管弓的計數的。」

鄧立光《從帛書〈易傳〉看孔子之〈易〉教及其象數》：孔子提及巫、史、祝、卜。卜官掌占、卜之法，並測邦國大事；祝官掌祝辭以事鬼神；巫則舞雩以祈雨，作人神中介。（見《周禮·宗伯》禮官之職之《大卜》、《大祝》、《司巫》）卜、祝、巫之職掌皆與事神祈福有關；孔子以幽贊而不達於數屬巫之層次，「贊」為佐成之意；鬼神處幽暗之地，神靈之意須有巫（人神中介）傳達；幽贊乃鬼神之助力，其助由巫而顯，故「贊」有見義。至於史，孔子言「文勝質則史」（《論語·雍也》），《儀禮·聘禮》云「辭多則史」，《韓非子·難言》云「繁於文采則見以為史」，可知史之特色在鋪張文辭。《四書駁異》言「史乃祝史之史，知其文而不知其文之實，《郊特牲》所謂失其義，陳其數，祝史之事也。」（程樹德《論語集釋·雍也下》轉引）故失其義，陳其數，乃指祝史鋪張文章而不知文之實義，即所謂知其然而不知其所以然。數為「言之紀」（《國語·晉語三》）之意。史以此「技」事君，故《禮記·王制》云「凡執技以事上者，祝、史、射、御、醫、卜及百工。」孔子言史乃數而不達於德，即指史可以敷陳文意，以推斷吉凶禍福，然未能繼此以往以言德性，如《左傳·哀公九年》載晉趙鞅卜救鄭，史趙、史墨、史龜各有解說，唯只及吉凶，此為數而不達於德之顯例。至於數而達於德者，如《左傳·文公十三年》載邾文公之利民言論即是：「邾文公卜遷於繹。史曰：利於民而不利於君。邾子曰：苟利於民，孤之利也。天生民而樹之君，以利之也。民既利矣，孤必與焉。」邾文公不為祝史之辭所懼，反說民利即君利，為君之責在利民，此實仁君之典範。孔子讀《易》以研求德義，由是與史、巫異轍。進德君子以成德為人生要事；所謂福，並非祭祀祈福之世俗福分，而是從修德所獲之精神喜悅；行事則以仁義為依，吉亦自在其中，非關利害之趨避。吉凶禍福本為卜筮之主要內容，而孔子則易利害考慮為道德實踐，並以此為吉為福，其義乃勉人努力修德而為其所當為，所謂知命之義亦如此而已。孔子晚年自述一生進德修業之過程，而言「五十而知天命」（《論語·為政》）；《左傳·文公十

三年》載邾文公卜遷於繹，既知利民不利君，然以命在養民，遂遷繹而身死，「君子」評邾子爲知命。故知命之義在於知其位分而爲其所當爲，此爲仁心不容已之表現；道之所在，即志之所趨，此爲知命君子。

郭沂《帛書〈要〉篇考釋》：只知道《易》的幽贊作用而不曉達數的，就是巫；明白了數而不曉達德的，就是史。

【按】

兩「其」字作「亓」，符合帛書原貌。

故釋文爲：

贊而不達於數，則亓爲之巫。數而不達於德，則亓爲之史。

按《世本·作篇》：「巫咸作筮。」《周禮》：「筮人掌三易，以辨九筮之名，一曰《連山》，二曰《歸藏》，三曰《周易》。九筮之名，一曰巫更，二曰巫咸，三曰巫式，四曰巫目，五曰巫易，六曰巫比，七曰巫祠，八曰巫參，九曰巫環，以辨吉凶。」可見巫亦掌《易》之筮占。「贊」是巫之筮的特點，即通過交通鬼神，暗求鬼神佐助，以獲取福吉。古代史官亦掌《易》之筮占。《左傳·莊公二十二年》：「陳厲公……生敬仲。其少也，周史有以《周易》見陳侯者，陳侯使筮之，遇《觀》之《否》。」《左傳·僖公十五年》記晉獻公筮嫁伯姬於秦，「遇《歸妹》之《睽》，史蘇占之，曰：不吉。」《左傳·成公十六年》記晉楚鄢陵之戰，「（晉）公筮之。史曰：吉。其卦遇《復》。」《左傳·襄公九年》：「穆姜薨於東宮。始往而筮之，遇《艮》之八，史曰：是謂《艮》之《隨》。」《左傳·襄公二十五年》記崔武子筮娶姜棠，「遇《困》之《大過》。史皆曰：不吉。」《左傳·昭公七年》：「孔成子以《周易》筮之，……遇《屯》之《比》，以示史朝。史朝曰：……」《國語·晉語》記重耳筮得晉國，「公子親筮之，曰：尚有晉國。得貞《屯》悔《豫》，皆八也。筮史占之，皆曰：不吉。」《國語·晉語》：「董因（晉史官）迎公於河，……對曰：臣筮之，得《泰》之八。」此皆爲史官主筮占之證。「數」是史之筮的特點，即通過著策之數，以數定卦，並以數推求吉凶結果。

此句意爲：隱求鬼神佐助，而不能達到數占，這是巫的筮占；達到數占，而不能達到道德的層面，這是史的筮占。

【釋文】

《陳廖》：史巫之筮，鄉十七行之而未也，好之而非也。

《池田Ａ》：史巫之筮、鄉第十七行之而未也，好之而非也。

《池田Ｂ》：史巫之筮、鄉第十七行之而未也、好之而非也。

《廖Ａ》：史巫之筮，鄉17行之而未也，好之而非也。

《廖Ｂ》：史巫之筮，鄉一七行之而未也，好之而非也。

《廖Ｃ》：史巫之筮，鄉17行之而未也，好之而非也。

《廖Ｄ》：史巫之筮，鄉一七行之而未也，好之而非也。

《裘文》：……⿰之而非也

【彙校】

裘錫圭《帛書〈要〉篇釋文校記》：「之」上一字，《裘文》未釋出而摹其原形（右旁左側殘缺），其他各本皆釋爲「好」。（校按：從照片看，此字右旁似不可能爲「子」字。此字似不能釋「好」。）

【集釋】

池田知久《馬王堆漢墓帛書〈要〉篇的研究》：「史巫」，巽卦九二爻辭有「巽在床下，用史巫紛若。吉无咎」，《周易正義》解釋爲「史謂祝史，巫謂巫覡，並是接事鬼神之人。」……《漢書・地理志》也有「陳國，……婦人尊貴，好祭祀，用史巫，故其俗巫鬼。」「鄉」是「向」的假借字。「鄉之」之「之」與下文「好之」之「之」同是指「史巫之筮」。「鄉之而未也，好之而非也」，這句的意思是，對「史巫之筮」不可以關心它，愛好它，即不能達到「達德」這樣的目的。

廖名春《帛書釋〈要〉》：「史巫之筮，鄉之而未也，好之而非也」，鄉應與好義近，指景仰、嚮往。《孟子・告子下》：「君不鄉道，不致於仁，而求富之，是富桀也。」朱熹注：「鄉與向同。」《呂氏春秋・音初》：「樂和而民鄉方矣。」高誘注：「鄉，仰。」未、非同義，指不對。《韓詩外傳》卷九：「以人觀之則是也，以法觀之則未也」，其「未」字義與此同。正因爲「史巫之筮」不達乎德，所以孔子反對人們像史巫那樣地用《易》。

李學勤《帛書〈要〉篇及其學術史意義》：鄉，向。

鄧球柏《帛書周易校釋》（增訂本）：史巫的占筮，嚮往而沒有達到，喜歡它卻不以為然。

趙建偉《出土簡帛周易疏證》：「鄉」同「向」，謂努力接近。

郭沂《帛書〈要〉篇考釋》：「鄉之而未也，好之而非也」，嚮往《易》而未達「《易》之要」，愛好《易》但所愛好的並非「《易》之要」。

【按】

「而未也」下一字，《裘文》僅摹出字形而未釋，其餘諸本釋「好」。按此字形為 ![字形]，其右側字形雖殘損，但為子字的可能性很大。此字形可與馬王堆帛書《雜禁方》第9行的子 ![字形] 相比勘。〔註14〕因此，諸本釋「好」是妥當的。

故釋文為：

史巫之筮，鄉十七行之而未也，好之而非也。

廖名春先生認為，鄉與好義近，指景仰、嚮往；未、非同義，指不對，甚確。孔子對史巫之筮，也嚮往、喜好，下工夫研究。但對史巫筮占只重贊和數的用《易》旨趣，孔子是否定的。孔子認為，用《易》只達到贊和數是不夠的，必須提升到德義才可以。

此句意為：對史之筮和巫之筮，我也嚮往、喜好，但他們的用《易》旨趣，我是反對的。

【釋文】

《陳廖》：後世之士疑丘者，或以易乎？

《池田A》：後世之士，疑丘者或以易乎。

《池田B》：後世之士疑丘者，或以易乎？

《廖A》：後世之士疑丘者，或以易乎？

《廖B》：後世之士疑丘者，或以易乎？

《廖C》：後世之士疑丘者，或以易乎？

〔註14〕陳松長編著《馬王堆簡帛文字編》，文物出版社，2001年，第593頁。

《廖D》：後世之士疑丘考，或以易乎？

《裘文》：……

【集釋】

　　李學勤《從帛書〈易傳〉看孔子與〈易〉》：看到孔子這句話，人們會立刻聯想到《孟子‧滕文公下》：「世衰道微，邪說暴行有作，臣弒其君者有之，子弒其父者有之。孔子懼，作《春秋》。《春秋》，夫子之事也。是故孔子曰：『知我者，其惟《春秋》乎？罪我者，其惟《春秋》乎？』」孔子說話的口吻是一樣的。必須注意的是，孔子之所以說知我罪我，其惟《春秋》，乃因他親自對《春秋》加以筆削（筆削前的《春秋》，即「未修《春秋》」，還有個別語句存留），所以孟子說他「作《春秋》」。在這個意義上，今傳本《春秋》是孔子的著作。那麼，孔子為什麼說「後世之士疑丘者，或以《易》乎」呢？如果孔子僅僅好讀《周易》，同《周易》沒有深一層的關係，是不會作此表示的。這暗示，孔子之於《周易》不只是讀者，而是一定意義上的作者。他所撰作的，自然不是他所「樂」的「辭」，只能是解釋「辭」的《易傳》。……孔子為什麼擔心後人因《易》而懷疑他？這是因為《周易》在大眾心目中是卜筮之書，孔子果真不信怪力亂神，何以溺於卜筮？後來歷史證明，確有人懷疑及此，這一擔心沒有落空。

　　池田知久《馬王堆漢墓帛書〈要〉篇的研究》：「後世之士，疑丘者或以易乎」，像上文李學勤的論文所說的那樣，與《孟子‧滕文公下》「孔子曰，知我者，其惟《春秋》乎。罪我者，其惟《春秋》乎」的口吻相似。但是，兩者的意思、內容卻全然不同，因此，是不能與此同等對待的。但是，上述李文卻以兩者口吻相似為線索，在與孔子著《春秋》同樣的意義上，主張孔子作了《易傳》，筆者只能認為這是荒唐無稽的。其次，這句話的意思是說，儒家創始人孔子被「後世之士」懷疑為因「喜好」占筮本身而「喜好」本是占筮之書的《易》。那麼說到為什麼「喜好」《易》，李文說明是因為《易》中包含著孔子所「追求」的儒教的倫理思想、政治思想的「德義」或「德」。儒家與《易》就像水與油那樣，從來是異質的，因而，現在進一步將對儒家來說完全沒有關係的占筮之書《易》作為自己的經典而採納，並將它儒教化，在這樣的歷史意義上，李文這樣的說明，令人感到好像表現了作者精神非常緊張的事實。

廖名春《帛書釋〈要〉》：「後世之士疑丘者，或以《易》乎？」李學勤先生指出，此句與《孟子・滕文公下》載「孔子曰：知我者，其惟《春秋》乎？罪我者，其惟《春秋》乎」的口吻相似，殊為有見。孔子擔心後人因其好《易》而懷疑他，是因為當時存在著兩種極端的意見，一是「巫史」，專以《周易》占驗吉凶禍福；一是如子贛那樣的儒者，視《周易》為奇邪，對它採取全盤否定的態度。孔子開解《易》新風，棄「史巫之筮」而重視其中的「古之遺言」，「求其德義」。這種辯證的方法很難被社會所承認，即使像子贛這樣親近的弟子也不理解。因此，產生擔心是很自然的。

【按】

「丘」後一字釋「老」，符合帛書原貌。

故釋文為：

後世之士疑丘老，或以《易》乎？

疑為責怪。《淮南子・氾論》「有立武者見疑」，高誘注：「疑，怪也。」見疑即被責怪。疑丘，即責怪孔丘。李學勤先生認為孔子言「後世之士疑丘者，或以《易》乎」，其口氣和心地與《孟子・滕文公下》載「孔子曰：知我者，其惟《春秋》乎？罪我者，其惟《春秋》乎」相似，分析甚為精當。「疑丘」與「罪我」義近，疑應為責怪之義。由於不滿巫、史用《易》只達到贊和數的層次，孔子對當時人們只當作筮占之用的《周易》求其德義，開闢出一個嶄新的使用《周易》的新路向，創造出道德義理境界，這是一種新質的理論創造。對孔子的這種做法，當時的人們很難理解，子貢對孔子的責怪，就說明了這一點。故孔子擔心，後人可能因為《周易》而責怪他。

此句意為：後人責怪我孔丘的，或許因為《周易》吧？

【釋文】

《陳廖》：吾求其德而已，吾與史巫同塗而殊歸者也。

《池田A》：吾求亓德而已。吾與史巫同塗而殊歸者也。

《池田B》：吾求亓德而已。吾與史巫、同塗而殊歸者也。

《廖A》：吾求亓德而已，吾與史巫同塗而殊歸老也。

《廖 B》：吾求亓德而已，吾與史巫同塗而殊歸耂也。

《廖 C》：吾求亓德而已，吾與史巫同塗而殊歸耂也。

《廖 D》：吾求亓德而已，吾與史巫同塗而殊歸耂也。

《裘文》：……

【集釋】

李學勤《從帛書〈易傳〉看孔子與〈易〉》：《周易》巽卦九二：「用史巫，紛若吉，无咎」，孔子用其語。《繫辭下》：「子曰：『天下何思何慮？天下同歸而殊塗，一致而百慮。……』」此處「同塗而殊歸」，語似而相反。古代卜、祝、巫、史常互相通稱。《周禮》：「筮人掌三易，以辨九筮之名，一曰《連山》，二曰《歸藏》，三曰《周易》。九筮之名，一曰巫更，二曰巫咸，三曰巫式，四曰巫目，五曰巫易，六曰巫比，七曰巫祠，八曰巫參，九曰巫環，以辨吉凶。」宋代劉敞、陳祥道、薛季宣，清代莊存與等學者都認為巫更等人為古代精筮者九人，巫咸即《世本》作筮的巫咸，巫易當即《楚辭·招魂》的巫陽，是筮人可稱為巫。《國語·晉語四》：「巫史占之，皆曰不吉。」韋解：「巫史，筮人。」《左傳·襄公九年》：「史曰：是謂艮之隨。」是筮人又可稱為史。這裡的「史巫」，即是筮人。孔子已表明他與卜筮者都讀《周易》，然而目的不同，所得也有異，這就是所謂「同塗而殊歸」。這番話答覆了子貢的問題，也以鮮明的態度預防後人對他的懷疑。

池田知久《馬王堆漢墓帛書〈要〉篇的研究》：「塗」是「途」的假借字。朱駿聲《說文通訓定聲》認為「涂，假借為塗，為途」，「塗」「涂」在《說文解字》裏沒有。《玉篇》裏有「途，途路也。」《廣韻》裏有「途，道也。」

郭沂《帛書〈要〉篇考釋》：我不過是追求《易》之德而已，我和史、巫們是同塗而殊歸。也就是說，所依據的雖然都是一部《易》，但我和他們的追求和歸宿是不同的。

【按】

「歸」後一字釋「耂」，符合帛書原貌。

故釋文為：

吾求亓德而已，吾與史巫同塗而殊歸耂也。

塗，道路。《釋名‧釋道》：「塗，度也，人所由得通度也。」《漢書‧禮樂志》「大朱塗廣」，顏師古注：「塗，道路也。」孔子學《易》用《易》，也學贊和數，也用其占，在這方面和巫、史一樣，是謂「同塗」。但孔子學《易》的最終歸趨是探索其德義，在這方面與巫、史不同，此謂「殊歸」。

此句意為：我求索《周易》中的德義而已，我與史、巫等人在學習《周易》的筮占方面是一樣的，但學習《周易》的最終歸趨是不同的。

【釋文】

《陳廖》：君子德行焉求福，故祭祀而寡也；仁義焉求吉，故卜筮而希也。

《池田A》：君子德行焉求福，故祭祀而寡也。仁義焉求吉，故卜筮而希也。

《池田B》：君子德行焉求福、故祭祀而寡也。仁義焉求吉、故卜筮而希也。

《廖A》：君子德行焉求福，故祭祀而寡也；仁義焉求吉，故卜筮而希也。

《廖B》：君子德行焉求福，故祭祀而寡也；仁義焉求吉，故卜筮而希也。

《廖C》：君子德行焉求福，故祭祀而寡也；仁義焉求吉，故卜筮而希也。

《廖D》：君子德行焉求福，故祭祀而寡也；仁義焉求吉，故卜筮而希也。

《裘文》：君子德行焉求福故祭祀而寡也仁義焉求吉故卜筮而希也

【集釋】

池田知久《馬王堆漢墓帛書〈要〉篇的研究》：「寡」「希」是「祭祀」「卜筮」之事「寡」「希」之意。兩句的意思是，作為儒教理想的「君子」，通過養成「德行」「仁義」而求「福」「吉」，因而很少進行「祭祀」、「占筮」。

廖名春《帛書釋〈要〉》：「君子德行焉求福，故祭祀而寡也；仁義焉求吉，

故卜筮而希也」，又見於《鹽鐵論・散不足》，惟「寡」作寬。帛書寡、希對舉，義皆爲少，《鹽鐵論》作寬，殊爲費解。寬應係寡形近而訛，當以帛書爲是。

鄧球柏《帛書周易校釋》（增訂本）：有道德的人靠自己的品德行爲的美好去追求幸福，因此祭祀求神比較少；有道德的人靠自己施行仁義去追求吉利，因此不靠卜筮去追求吉利。

趙建偉《出土簡帛周易疏證》：這是說君子靠德行來求福，靠仁義求吉。

郭沂《帛書〈要〉篇考釋》：君子是以自己的德行來求福的，所以雖然祭祀但不經常；他們是以自己的仁義來求吉的，所以雖然卜筮但次數很稀少。

【按】

此釋文無異議，爲：

> 君子德行焉求福，故祭祀而寡也；仁義焉求吉，故卜筮而希也。

此句意爲：君子靠德行求福，故很少祭祀；靠仁義求吉，故很少卜筮。

【釋文】

《陳廖》：祝巫卜筮其後乎？

《池田 A》：祝巫卜筮亓後乎。

《池田 B》：祝巫卜筮亓後乎。

《廖 A》：祝巫卜筮亓後乎？

《廖 B》：祝巫卜筮亓後乎？

《廖 C》：祝巫卜筮亓後乎？

《廖 D》：祝巫卜筮亓後乎？

《裘文》：祝巫卜筮亓後乎

【集釋】

池田知久《馬王堆漢墓帛書〈要〉篇的研究》：「祝巫卜筮亓後乎」，參照《論語・八佾》「禮後乎」。這「後」的意思，就像孫奇逢《四書近指》所言，是「夫後之爲言，末也。」

　　廖名春《帛書釋〈要〉》:「祝巫卜筮亓後乎」與上文的「《易》,我後其祝卜矣」文義正相反。孔子認爲,就占筮之用來說,他落後於祝卜;但就「明數而達乎德,又仁守者而義行之」來說,祝巫卜筮則遠遠落後於自己。這種「後」,正表現孔子解《易》之新,與上文「或以《易》乎」的擔心比較,這裡流露出的是孔子的自信,說明他「老而好《易》」完全是一種理性的選擇。

　　鄧球柏《帛書周易校釋》(增訂本):祝巫卜筮不是放在很次要的位置嗎?

　　趙建偉《出土簡帛周易疏證》:「後」謂不重要。

　　郭沂《帛書〈要〉篇考釋》:我們要把《易》的祝巫卜筮之用放在次要地位啊!

【按】

　　此釋文無異議,爲:

　　　祝巫卜筮亓後乎?

　　祝巫卜筮,應指人。郭沂先生釋爲祝巫卜筮之用,不確。後,廖名春先生解爲落後,甚確。鄧球柏、郭沂先生解爲次要,趙建偉先生解爲不重要,皆不確。廖名春先生認爲,孔子言「祝巫卜筮亓後乎」,是指祝巫卜筮遠遠落後於自己,甚當。孔子此言,意指在學《易》的境界上,祝巫卜筮等人落後於自己。

　　此句意爲:(在學《易》的境界上,)祝巫卜筮等人落後了吧?

3、《要》篇孔子論「《損》《益》一卦」章校釋

【釋文】

《陳廖》:孔子十八行繇(籀)易,至于損益一〈二〉卦,未尚(嘗)
　　　　不廢書而嘆,戒門弟子曰:

《池田 A》:●孔子第十八行繇易至於損益之卦、未尚不廢書而莫、戒
　　　　　門弟子。曰、

《池田 B》:●孔子第十八行繇易至於損益之卦、未尚不廢書而莫、
　　　　　戒門弟子。曰、

《廖A》：‧孔子 18 行繇易至於損益一卦，未尚不廢書而莫，戒門
弟子曰：

《廖B》：●孔子十八行繇易至於損益一卦，未尚不廢書而莫，戒門
弟子曰：

《廖C》：孔子 18 行繇易至於損益一卦，未尚不廢書而莫，戒門弟
子曰：

《廖D》：孔子十八行繇易至於損益一卦，未尚不廢書而莫，戒門弟
子曰：

《裘文》：‧孔子繇易至於損益一卦未尚不廢書而莫戒門弟子曰

【彙校】

廖名春《帛書釋〈要〉》：「《損》、《益》一卦」，「一」應作二，因為《損》、《益》是二卦而並非一卦。

邢文《帛書周易研究》：《道家文化研究》本以「一」為「二」之誤，或難成立。按損、益二卦，互為對卦，崔東壁稱之為「反對」，尚秉和稱之為「反象」，二卦實為一卦。「先儒謂上經十八卦，下經十八卦，以此。」所以，「一」當非「二」之誤。

李學勤《帛書〈要〉篇的〈損〉〈益〉說》：孔子繇《易》至於《損》、《益》一〈二〉卦，未尚（嘗）不廢書而歎，戒門弟子曰：

「一」乃「二」字之誤。或以為「之」字殘筆，但從帛書上字的位置看，似少可能。

趙建偉《出土簡帛周易疏證》：孔子籀《易》，至於《損》《益》二卦，未嘗不廢書而歎，戒門弟子曰：

裘錫圭《帛書〈要〉篇釋文校記》：《陳廖》本脫漏了「孔子」之前的分章圓點，「至于」當作「至於」，「嘆」當作「莫」而讀為「嘆」。

【集釋】

池田知久《馬王堆漢墓帛書〈要〉篇的研究》：「繇」是「籀」的假借字。《說文解字》有「籀，讀書也」。「廢」，《小爾雅》廣言篇有「廢，置也。」《集韻》有「廢，一曰置也。」

　　廖名春《帛書釋〈要〉》：**籀**即籀，籀通籀。《漢書・文帝紀》：「占曰：大橫庚庚。」顏師古注：「李奇曰：『庚庚，其籀文也。占，謂其籀也。』籀本作籀。」《說文・竹部》：「籀，讀書也。」《淮南子・人間》、《說苑・敬愼》、《孔子家語・六本》皆作「孔子讀《易》」，可知「籀《易》」即讀《易》。

　　鄧球柏《帛書周易校釋》（增訂本）：**籀**：由，引申爲研究。當作「籀」。

　　李學勤《帛書〈要〉篇的〈損〉〈益〉說》：「**籀**」讀爲「籀」，意思是讀。

　　趙建偉《出土簡帛周易疏證》：「籀」，研讀。

　　郭沂《帛書〈要〉篇考釋》：「廢」，放置。《爾雅・釋詁下》：「廢，舍也。」郭璞注：「舍，放置。」《玉篇・廣部》：「廢，放置也。」

【按】

　　《池田 A》、《池田 B》、《廖 A》、《廖 B》和《裘文》諸本在「孔子」前皆有分章圓點符號，《陳廖》、《廖 C》和《廖 D》諸本則無。從照片看，確有分章符號。說明自「孔子籀《易》」至末尾，是完整的一章。「至」後一字，《陳廖》釋爲「于」，其餘諸本釋爲「於」。「而」後一字，《陳廖》釋爲「嘆」，其餘諸本作「莫」。對照照片，裘先生認爲「至于」當作「至於」，「嘆」當作「莫」，是正確的。

　　「損益」後一字，《池田 A》、《池田 B》以《淮南子・人間訓》爲據釋「之」，裘錫圭、李學勤先生認爲不妥。其餘諸本皆釋爲「一」。

　　按此字形以及與上下兩字空間位置如下：

　　細觀照片，從此字所佔空間位置看，此字當爲「一」字無疑。

　　故釋文爲：

> ●孔子十八行籀《易》，至於《損》《益》一卦，未尚不廢書而莫，戒門弟子曰：

　　《損》《益》一卦，陳松長、廖名春、李學勤諸先生皆認爲「一」爲「二」之誤，趙建偉先生《出土簡帛周易疏證》直接把原文寫作「《損》《益》二卦」。

但邢文先生認爲「一」非「二」之誤。筆者贊成邢文先生的觀點，認爲「一」字非誤，原文稱「《損》《益》一卦」是正確的，其證如下。

第一，《周易》古經的卦序，最重要的特徵，是唐代孔穎達所指出的「六十四卦，二二相耦，非覆即變」的規律，即每兩個卦成爲一對，六十四卦分成三十二對，這三十二對存在或覆或變的關係。覆的關係，是指一對卦中，只有一個符號，正看是一個卦，覆看即反過來看是另一個卦。一個符號，從正覆兩個角度看，是兩個卦。互覆的兩卦，是作爲一個卦看待的。變的關係，是指一對卦中，其中一個卦的符號全變，就成爲另一個卦。在變的關係中，有兩個卦的符號。《周易》古經六十四卦分爲上下兩篇，上篇三十卦，下篇三十四卦，二者爲何不均，是易學研究中的一個疑難問題。從「二二相耦，非覆即變」的規律看，就很明了：《周易》古經上篇三十四卦，其中二十四卦爲互覆關係，實際爲十二卦，其他六卦爲互變關係，共計十八卦；下篇三十四卦，其中三十二卦爲互覆關係，實際爲十六卦，其他兩卦爲互變關係，共計十八卦。因此，上下經實際上各十八卦，二者是均衡的。〔註15〕在《周易》古經中，《損》《益》作爲互覆的關係，是作爲一卦看待的。

第二，從《損》《益》的卦爻辭，也說明《損》《益》在《周易》中是作爲一卦看待的。《益》卦六二曰：「或益之十朋之龜，弗克違，永貞吉。」《損》卦六五曰：「或益之十朋之龜，弗克違，元吉。」兩爻的爻辭，幾乎完全一樣，《周易》古經的作者幾乎是把《益》卦六二爻辭直接抄寫到《損》卦六五上。這是因爲，《損》《益》作爲一卦，《益》之六二即《損》之六五，兩爻是同一個，故爻辭幾乎完全一樣。另外，《損》九二曰「弗損，益之」、上九曰「弗損，益之」，作爲《損》卦本身不講損，而講益，正說明《損》中有《益》。《益》上九「莫益之」，作爲《益》卦本身不講益，似暗示《益》中有《損》。這也說明《損》《益》作爲一卦的互相包含。估計今本《周易》古經在創作時，《損》《益》就作爲覆的關係對待，將《損》《益》稱爲一卦可能古已有之。因此，「孔子籀《易》至於《損》《益》一卦」的「一」字應是本字，而不是「二」之誤。

〔註15〕 宋代學者最早發現這一點，如沈該於《易小傳》卷一上曰：「予嘗考之，卦皆以俯仰相次，上下經各畫十八卦。」項安世於《周易玩辭》卷十三曰：「上經三十卦，反對爲十八卦。下經爲三十四卦，反對亦爲十八卦。」

【釋文】

《陳廖》：二厽（參）子！夫損益之道，不可不審察也，吉凶之□也。

《池田 A》：二皂子、夫損益之道、不可不審察也。吉凶之〔門〕也。

《池田 B》：二皂子、夫損益之道、不可不審察也。吉凶之〔門〕也。

《廖 A》：二三子！夫損益之道，不可不審察也。吉凶之〔門〕也。

《廖 B》：二厽子！夫損益之道，不可不審察也。吉凶之〔門〕也。

《廖 C》：二厸子！夫損益之道，不可不審察也，吉凶之〔門〕也。

《廖 D》：二厸子！夫損益之道，不可不審察也。吉凶之〔門〕也。

《裘文》：二皂子夫損益之道不可不審察也吉凶之□也

【彙校】

池田知久《馬王堆漢墓帛書〈要〉篇的研究》：據《淮南子》人間篇「利害之反，禍福之門，不可不察也」補「門」字。

李學勤《帛書〈要〉篇的〈損〉〈益〉說》：二厽（參）子！夫損益之道，不可不審察也。吉凶之□也。

趙建偉《出土簡帛周易疏證》：此缺字似可補「鄉」，讀爲「向」。

【集釋】

李學勤《帛書〈要〉篇的〈損〉〈益〉說》：「厽」即「參」，讀爲「三」，見於戰國金文，如梁上官鼎。「二三子」是春秋時人習語，在《論語》中屢見，如《述而》：「子曰：二三子以我爲隱乎？吾無隱乎爾。吾無行而不與二三子者，是丘也。」《集解》：「包曰：二三子謂諸弟子。」與帛書一致。

【按】

「二」後一字，《陳廖》、《廖 B》釋爲「厽」，李學勤先生釋爲「厽」，《廖 A》釋爲「三」，《廖 C》、《廖 D》釋爲「厸」，《池田 A》、《池田 B》和《裘文》釋爲「皂」。按此字形作 ，釋爲「皂」，符合帛書原形。

「吉凶之」下有一字，但很不清晰，《陳廖》、《裘文》未補，其餘諸本據《淮南子·人間訓》「利害之反，禍福之門」，補爲「門」字。從照片看，原

字作「門」的可能性較大，故補「門」可從。趙建偉先生認爲此缺字似可補「鄉」，不知何據。

故釋文爲：

> 二晉子，夫《損》《益》之道，不可不審察也，吉凶之〔門〕也。

「不可不審察也」，《淮南子・人間訓》作「不可不察也」。察爲視。《離騷》「覽察草木其猶未得兮」，王逸注：「察，視也。」《繫辭上》「仰以觀於天文，俯以察於地理」，「觀」「察」互文，察即觀。察又有覆之意。《說文》：「察，覆也。從宀、祭。」徐鍇繫傳：「察，覆審也。從宀，祭聲。」段玉裁注：「從宀者，取覆而審之。從祭爲聲，亦取祭必詳察之意。」是察爲覆而審視之意，即從正反或正覆兩個角度看。按「不可不審察也」或「不可不察也」爲古代習語，在具體語境使用中，強調從正反或不同的方面或角度考慮問題。如《孫子兵法・計》：「孫子曰：兵者，國之大事也。死生之地，存亡之道，不可不察也。」強調用兵要從生死、存亡兩個角度考慮。《孔子家語・三恕》：「孔子曰：君子有三思，不可不察也。少而不學，長無能也。老而不教，死莫之思也。有而不施，窮莫之救也。故君子少思其長，則務學；老思其死，則務教；有思其窮，則務施。」強調「三思」，少思其長、老思其死、有思其窮，皆從兩個方面考慮問題。《韓非子・喻老》：「田伯鼎好士，而存其君。白公好士，而亂荊。其好士則同，其所以爲則異。公孫友自刖而尊百里，豎刁自宮而諂桓公。其自刑則同，其所自刑之爲則異。……故曰：同事之人，不可不審察也。」強調思考問題，要從表面之同深入到內裏之異的不同方面。

孔子言「夫《損》《益》之道，不可不審察也（或不可不察也）」，正是以《損》《益》爲覆的關係、爲一卦爲前提的。孔子此言，意爲對《損》《益》一卦要覆而視之，要從正反兩個角度觀察：若正看爲《損》，則反看爲《益》；正看爲《益》，則反看爲《損》，要深入瞭解《損》中有《益》、《益》中有《損》的道理。益爲增足、增長、弘裕之義，一般認爲《益》卦爲吉爲福。損爲減損、虧減、減失之義，一般認爲《損》卦爲凶爲禍。但孔子告戒弟子，應該通過正覆觀察《損》《益》一卦，瞭解吉凶禍福皆出於一個卦象，從而明白吉中有凶、凶中有吉、福中藏禍、禍中藏福的道理。《要》篇此處所言「吉

凶之門」，《淮南子・人間訓》言「利害之反，禍福之門戶」，就是指吉凶禍福同出於一個卦象，即一個門戶中。

此句意爲：弟子們，對《損》《益》之道，不可不反覆地研究，它是吉凶的門戶。

【釋文】

《陳廖》：益之爲卦也，春以授夏之時也，萬勿（物）之所出也，長日之所至也，產之（？）室也，故曰十九行益。損者，秋以授冬之時也，萬勿（物）之所老衰也，長〔夕之〕所至也，故曰產。道窮□□□□□□□。

《池田A》：益之爲卦也、春以授夏之時也、萬勿之所出也、長日之所至也、產之室也。故曰第十九行益。授者、秋以授冬之時也、萬勿之所□〔象〕也、長〔夜之〕所至也。故曰產。道窮[焉而產、道□焉益。

《池田B》：益之爲卦也、春以授夏之時也、萬勿之所出也、長日之所至也、產之室也。故曰第十九行益。授〈損〉者、秋以授冬之時也、萬勿之所老衰也、長〔夜之〕所至也。故曰產〈損〉。道窮焉而產〈損〉、道窮焉益。

《廖 A》：益之爲卦也，春以授夏之時也，萬勿之所出也，長日之所至也，產之室也，故曰 19 行益。授者，秋以授冬之時也，萬勿之所老衰也，長□〔之〕所至也，故曰產。道窳焉而產，道□焉。

《廖 B》：益之爲卦也，春以授夏之時也，萬勿之所出也，長日之所至也，產之室也，故曰十九行益。授者，秋以授冬之時也，萬物之所老衰也，長□〔之〕所至也。故曰產。道窳焉而產，道□焉。

《廖 C》：益之爲卦也，春以授夏之時也，萬勿之所出也，長日之所至也，產之室也，故曰 19 行益。授者，秋以授冬之時也，萬勿之所老衰也，長〔夕〕之所至也，故曰產。道窳

焉而產，道□焉。

《廖 D》：益之為卦也，春以授夏之時也，萬勿之所出也，長日之所至也，產之室也，故曰十九行益。授者，秋以授冬之時也，萬物之所老衰也，長□〔之〕所至也。故曰產。道窮焉而產，道□焉。

《裘文》：益之為卦也春以授夏之時也萬勿之所出也長日之所至也產之室也故曰益授者秋以授冬之時也萬勿之所老衰也長□之所至也故曰產道窮焉而產道□焉

【彙校】

池田知久《馬王堆漢墓帛書〈要〉篇的研究》：授〈損〉者、秋以授多之時也、萬勿之所□〔象〕也、長〔夜之〕所至也。故曰產〈損〉。道窮〔焉而產、道□焉益。

「萬勿之所」後兩個缺字，雖能看見各自的左半邊，遺憾的是，辨認不出是什麼字。後一字好像是「象」字。「[焉而產、道□焉益。益之]」是在影印件中的八、九個缺字。影印件第九行上的中間部分有「焉而產、道□焉益。益之」九字，這九個字好像本來應該在這裡。因此，移到此處以補缺字。再是「益。益」，正確的作「益ㄑ」，「益」字後面應該有重文符號「ㄑ」，影印件缺重文符號。考慮到上下文補重文符號「ㄑ」。「授」，因成對的上文有「益之為卦也」，所以從文理考慮，必須是「損」字。可能是因字形相似，在抄寫時發生的錯誤。「[夜之]」是兩個缺字。據成對的上文有「長日之所至也」補「夜之」。「產」，從文理來判斷，可能是「損」的錯字。……「道窮焉而產、道□焉益」，一定是說明「損益」之循環或者是相互構成因果的構造的句子。這裡的意思可能是說，「損」之道窮則「產」，「損」之道極則「益」。因而，「道」後面的缺文大概能補入「極」或「多」。

廖名春《帛書釋〈要〉》：《益》之為卦也，春以授夏之時也，萬勿（物）之所出也，長日之所至也，產之（？）室也，故曰夏。授者，秋以授冬之時也，萬勿（物）之所老衰也，長〔夕之〕所至也，故曰產。道窮焉而產，道〔長〕焉〔而憂〕。

「產之室」，「之」字有殘缺，難以確定。夏字，原釋文作益，誤。帛書夏字欠清楚，很可能就是憂字。授，原釋文作損，亦誤。疑此處帛書抄手有

誤，比較上文，應作「《損》之爲卦也」。授者應爲誤書。「夕」字爲李學勤先生所補。

李學勤《帛書〈要〉篇及其學術史意義》：《損》者，秋以授冬之時也，萬勿（物）之所老衰也，長〔夕之〕所至也，故曰〔《損》〕。

廖名春《帛書〈易傳〉象數說探微》：「授者」之「授」，當爲「損」字之誤；「故曰產」之「產」，疑亦爲「損」字之誤。「道窮焉而產，道□焉」一句疑爲「道窮焉而產，道〔達〕焉〔而亡〕」，所補「達」、「亡」二字不一定妥帖，但意思可能不會有太大的出入。此外，「故曰益」前有「產之室也」一句，疑正文「故曰產（損）」前亦當有「〔亡〕之□也」句。

李學勤《帛書〈要〉篇的〈損〉〈益〉說》：《損》者，秋以授冬之時也，萬勿（物）之所老衰也，長〔夕之〕所至也，故曰〔《損》〕。產道窮焉，而產道□焉。「夕」據殘筆補。末「損」字原脫，由文例推定。「而產道」下缺字當義爲開始。

趙建偉《出土簡帛周易疏證》：「曰」下當脫「損」字，「產」字可能應屬下讀。

裘錫圭《帛書〈要〉篇釋文校記》：「長夜」之語在古書中習見，此處似以補「夜」字爲妥。（校按：「長」下二字皆有殘畫，「之」字可以釋出，其上一字從殘畫看可能是「夜」字，不大可能是「夕」字。）……李學勤先生作「故曰〔《損》〕」，似以爲此處原脫「損」字。我們也認爲此行「故曰」後原脫一「損」字，「產」當屬下讀。所以這一句的文字應爲：「產道窮焉而產道□焉」。第二個「道」字下的缺文，當是含有「開始」、「興起」一類意思的字。全句的意思是說，「生道」窮盡之時也就是「生道」又開始起作用之時。

邢文《「損益」與「君道」》：釋文重寫如下：「損者，秋以授冬之時也，萬物之所老衰也，長〔夕之〕所至也，故曰產道窮〔焉。而產道窮焉益。〕」「夕」本義爲月。《說文》：「夕，從月半見。」夕爲夜。夏至後夕長一夕，或許是《道家文化研究》本（即《陳廖》本）釋文「夕」字所補的依據；池田知久教授補作「夜」字，或是同樣的思路。

郭沂《帛書〈要〉篇考釋》：授（損）者，秋以授冬之時也，萬物之所老衰也，長夜之所至也，故曰〈損〉。產道窮焉，而產（衰）道〔通〕焉。

第二個「產」字很可能如池田先生所說，確是個錯字。這個字有「老衰」、

「毀亡」之義，但不必如池田氏補作「損」。帛書用「產道」一詞，而不稱「益道」，故這裡和「道」字組成的這個詞很可能不是「損道」。考慮到上文出現了「老衰」字樣，所以暫將這個字改作「衰」。……這個缺字應與上文「產道窮焉」之「窮」字相對，乃「產生」、「亨通」之義。在古書中，「窮」字常與「通」字對文，故我暫將這個缺文補作「通」。如此，這段文字或許應作：「故曰損。產道窮焉，而衰道通焉。」

丁四新《〈易傳〉類帛書零箚九則》：《授》者，（自注：「授」，係「損」之訛。）秋以授冬之時也，萬勿之所老衰也，長〔夕〕之所至也。（自注：「夕」，帛書尚留低部殘筆。「長夕」，冬至日。冬至，一陽來復。）故曰產道窮焉，而產道〔產〕焉。（自注：「道」下一字，尚殘留左上角一筆，與「產」跡合，故推測是「產」字。「長夕」之時，既爲產道之窮，亦爲產道之生也。故下文方可云：「《損》之始凶，亓冬也吉。」）下「故曰產道窮焉，而產道〔產〕焉」二句，或曰「曰」下脫「損」字，「產」字屬下讀；或曰「產」乃「損」之訛。二說皆非，未通一歲陰陽消息之道。

【集釋】

池田知久《馬王堆漢墓帛書〈要〉篇的研究》：「益之爲卦也，春以授夏之時也」是說，「益」這樣的卦的內容，比如是給溫暖的春天增加夏時的暑熱。「長日之所至也」，《呂氏春秋・仲夏紀》有「是月也，日長至。陰陽爭，死生分。」《禮記・郊特牲》有「郊之祭也，迎長日之至也。」《淮南子・時則》和《禮記・月令》也有與《呂氏春秋》大體一樣的內容。「產」，《說文解字》有「產，生也。從生彥省聲。」「室」，《說文解字》有「室，實也。從宀至聲。室屋皆從至，所止也。」「產之室」的意思是，充滿「產」的地方，或「產」這樣的作用的所在地。把「益」之卦解釋爲是從「時間」運行的角度表現世界一般的生長收藏規律的東西之一，是通行本《易經》益卦的象傳「益動而巽、日進无疆。天施地生、其益无方。凡益之道，與時偕行。「授〈損〉者、秋以授冬之時也」是說，「損」卦的內容，是比如給涼爽的秋天增加冬時的寒冷。「長〔夜之〕所至也」，可能是與《呂氏春秋・仲冬紀》「是月也，日短至。陰陽爭，諸生蕩」的「日短至」相同的內容。《淮南子・時則》和《禮記・月令》也有與《呂氏春秋》大體相同的內容。

廖名春《帛書釋〈要〉》：「故曰夏」之夏，應與「故曰產」之產義相反。

《莊子・庚桑楚》:「終日嗥而嗌不嗄。」《釋文》:「嗄,本又作嚘」《老子》五十五章:「終日號而不嗄。」傅奕本嗄作嚘。《隸釋》九《吳仲山碑》:「慇懃夙夜。」洪適釋慇爲憂。帛書憂字欠清楚,很可能就是憂字。《周易・雜卦》:「君子道長,小人道憂也。」李鼎祚《集解》憂作消。呂祖謙《古易音訓》引晁氏曰:「鄭作消。」因此,「故日憂」就是「故日消」之意。長夕即長夜,正與上文「長日」相對,長日又稱日永(《尚書・堯典》)、日長至(《呂氏春秋》),即夏至。夏至這一天,白晝最長;而冬至則白晝最短,夜晚最長,故冬至又稱日短(《尚書・堯典》)、日短至(《呂氏春秋》)。帛書的長夕應指冬至,因爲冬至這天夜最長。《禮記・郊特牲》云:「郊之祭也,迎長日之至也。」鄭玄注:「此言迎長日者,建卯而晝夜分,分而日長也。」《史記・封禪書》云:「《周官》曰:冬日至,祀天於南郊,迎長日之至。」……帛書所謂「長[夕之]所至也,故日產」,產即生。這與《大戴禮・夏小正》所載同:「日冬至,陽氣至始動,諸向生皆濛濛符矣。」「道窮焉而產」,指《損》卦所代表的秋、冬季節。萬物老衰,故云「道窮」;但「長夕」一至,一陽產生,故日「產」。「道〔長〕焉〔而憂〕」,指《益》卦所代表的春、夏兩季。萬物之所出,故云「道長」;但「長日」一至,陽退陰長,一陰產生,故日「憂」。

鄧立光《從帛書〈易傳〉看孔子之〈易〉教及其象數》:《損》卦艮上兌下。《說卦》所言:兌,正秋也;萬物之所說也。艮,東北之卦也,萬物之所成終而成始也。孔子言《損》卦秋以授冬之時,萬物之所老衰,正本文王卦位而言。《益》卦巽上震下。《說卦》言:萬物出乎震,震東方也。齊乎巽,巽東南也。齊也者,言萬物之絜齊也。孔子言《益》之爲卦,春以授夏之時,萬物之所出也,正本文王卦位而言。震卦在東爲春,巽卦在東南爲春夏之間,故說春以授夏之時。兌爲秋,艮爲冬,故說秋以授冬之時。《益》卦言「長日之所至」(夏至),《損》卦言「長夕之所至」(冬至),則八卦與節氣相聯繫,孔子之時已然。孔子以卦位言節氣,雖未言卦氣,而卦氣已在其中。由於孔子用文王八卦言四時節氣,自然蘊涵十二月之配置。《周易・乾鑿度》兩則以十二月配卦之卦氣資料,或爲孔子之遺教。

王博《〈要〉篇略論》:更重要地,它把《周易》與四時之變聯繫起來,開了漢易以八卦或六十四卦配四時、十二月、二十四節氣等的先河。……這是以從春到夏爲益,從秋到冬爲損,以損、益兩卦配四時。

鄧球柏《帛書周易校釋》(增訂本):《益》卦,在卦氣說中,象徵春天授

春天（筆者按：原文如此，「春天」誤，應為夏天）的時令，萬物都在這一時期生長出來，白天的時間長一些，是生產的好環境，所以叫做《益》。產：疑為「損」字之誤。《損》卦，在卦氣說中，象徵秋天授冬天的時令，萬物都已成熟衰老了，晚上的時間長一些，所以叫做《損》。

李學勤《帛書〈要〉篇的〈損〉〈益〉說》：「產」義同「生」，秦至漢初簡帛文字，凡「生」字多改作「產」。《損》、《益》二卦與「時」的觀念有關，見於《象傳》。……但以《損》、《益》分屬於四時，則為「十翼」所未見。帛書云《益》為「萬物之所出」，《損》為「萬物之所老衰」，可能同《雜卦》「《損》、《益》，盛衰之始也」有關。《益》為盛之始，萬物所出，由春到夏，夏至為其極點，故言「長日之所至」；《損》為衰之始，萬物所老衰，由秋到冬，冬至為其極點，故云「長夕之所至」。《繫辭》稱：「天地之大德曰生」，四時是萬物生成的過程，而《益》表示生的起始，故為「產（生）之室」。「產（生）道」即萬物生成之道，隨四時而循環。自春至夏，萬物長盛，終於轉入老衰；自秋而冬，萬物收藏，又重新回到起點。此所謂「生道窮焉，而生道□焉」。《益》始吉終凶，《損》始凶終吉，就是這個道理。

趙建偉《出土簡帛周易疏證》：「長日至」及下文的「長夕至」即《呂覽》的「日長至」（夏至）、「日短至」（冬至）。《益》卦下《震》上《巽》，《震》屬春分，《巽》屬立夏，卦爻由下上行，所以說「春以授夏之時」；因為「萬物出乎《震》」，所以此處說「萬物之所出也」；立夏過後夏至將至，所以說「長日之所至也」。「產之室也」四字當是他處之文誤置於此。物出於《震》而不斷增益並齊備於《巽》，所以說「故曰《益》也」。此與《說卦》五章所言之卦序相近。《損》卦下《兌》（秋分）上《艮》（立春），時跨秋冬，萬物衰減，所以說「秋以授冬」、「萬物老衰」、「故曰《損》」。

邢文《「損益」與「君道」》：《禮記·郊特牲》：「郊之祭也，迎長日之至也。」鄭注：「此言迎長日者，建卯而晝夜分，分而日長也。」夏正，二月建卯。古禮天子春分祭日，稱作「朝日」。鄭玄注：「王朝日者，示有所尊，訓民事君也。天子常春分朝日，秋分夕月。」冬至後日長一日，春分朝日，或即「迎長日」。「長日」一詞，又見於《焦氏易林》。《益之節》有：「陽春長日」。尚秉和注：「震為春，為長，互大離，故曰長日。」按益，下震上巽，全卦為離象，為日。震為長，正合「長日之所至」。「產」即生。《禮記·鄉飲酒義》：「東方者春，春之為言蠢也，產萬物者也。」「蠢」即動，「產萬物」即生萬

物。……益，爲正月卦，爲春，爲蠢動，萬物所出，所以說益爲「產之室」，產萬物者也。古人以內屋爲室，外屋爲堂。……《淮南子·天文》以「陰陽刑德有七舍。何謂『七舍』？室、堂、庭、門、巷、術、野。」又以「多至德在室，多至爲德，……萬物閉藏，蟄蟲首穴，故曰德在室。」帛書《要》篇以益之卦爲「產之室」，「長日」所至，萬物所出，是從卦象卦氣釋卦名之義。

按《周禮·典瑞》鄭注：「天子常春分朝日，秋分夕月。」夕月，即祭月。日月之祭，來源古遠。帝高辛「曆日月而迎送之，名鬼神而敬事之」，《國語》記作「古者，先王既有天下，又崇立於上帝、明神而敬事之，於是乎有朝日夕月以教民事君。」帛書《要》篇損益之論，記四時，合卦氣，則長日、長夕（月），本義必與四時迎氣有關。這也是下文討論的「明君不時不宿，不日不月」的日月之義。《焦氏易林·遁之晉》：「積雪大寒，萬物不生。」尙秉和注曰：「坤爲萬物。坤殺故不生。」損，上艮，爲止，爲終；三至五，爲坤。焦《易》《家人之損》：「坤爲霜。」《萃之觀》：「坤爲多。」下兌，爲秋。從卦象看，坤乘兌，多時秋授；艮止，坤萬物所終，所以說「產道窮焉」。產道窮，窮極而益；益爲「產之室」，萬物無得生。這種「產」隨四時變化的過程，就是孔子藉損益之道而觀吉凶的過程。

井海明《簡論帛書〈易傳〉中的卦氣思想》：很明顯，這裡把益卦作爲春，損卦作爲秋。……《損》、《益》兩卦配春、秋兩季，就是典型的四象卦氣的例子。……《益》，內卦爲震；震，卦象爲雷，爲春。外卦爲巽；巽，卦象爲風，爲夏初。內震（春）與外巽（夏初）相結合而成爲《益》。《益》，是正月卦，氣應在立春，故「春以授夏之時也」。……按照孟喜的六日七分說，《益》居正月立春，是「東風解凍」、「蟄蟲始振」之際，故「春以授夏之時也」。從《損》卦的卦象看，《損》卦，內卦爲兌；兌，卦象爲秋。外卦爲艮；艮，卦象爲尾，爲終，爲多末。內兌（秋）與外艮（多末）相結合而成爲《損》。《損》，爲七月卦，氣在處暑，已過立秋，故「秋以授多之時也」。……按照孟喜的六日七分說，《損》居七月立秋之交，「白露降」、「寒蟬鳴」、「天地始肅」之際，故「秋以授多之時也」。由此看來，《要》篇中《損》、《益》兩卦的卦象與孟喜、京房四正卦氣說有相通之處。

饒宗頤《論帛書〈要〉篇損益的天文意義——產道和產氣》：本篇用時節的觀念來解釋益、損二卦，涉及長日所至的夏至和長夕所至的多至，多至是

一年之中夜最長的日子，夏至恰相反是一年之中日最長的日子。……冬至之日，產氣開始萌生，故《要》篇謂「長日之所至也；產之室也，故曰益」。長日之所至即冬至之日，是時產氣始生。產與生二字同義，漢簡《引書》彭祖云：「春生夏長……」，產即是生，可與此互證。故產道謂產氣，指陽氣之生。……古人重視二至，以長日長夕作為定點，以建曆術，易道主消息，益是息，損是消，益主生長，損主衰老。天文上以二至表示一年間消與息兩個階段。夏至點為長日。冬至點為長夕。益卦，表示從冬至→夏至，長日之至，故為產之室；產即生也。損卦，表示從夏至→冬至，產道之窮。……馬王堆易卦的排列，所以始於乾（鍵）而終於益卦者，以益者產氣始萌，一陽復生。宇宙周期，仍未有盡，故以「益」卦終焉。

郭沂《帛書〈要〉篇考釋》：《說文》：「授，予也。」春夏秋冬之轉變，猶四季相傳遞、交付，即各季皆將時令傳遞、交付給下一季。《說文》：「出，進也。象草木益滋上出達也。」孔子的家鄉山東方言至今仍用此義，如「豆子出了」，是說豆子發芽從土里長出來了。「萬物之所出也」，是說各種植物生長的根源。從「出」字看，這裡的「萬物」當指各種植物。下文「萬物之所老衰也」的「萬物」與此同。「產之室也」，萬物產生、成長的處所。

梁韋弦《帛書易傳〈要〉篇透漏出的卦氣知識及其成書年代》：帛書易傳中有無與卦氣相關的觀念？我認為是有的。其實，帛書易傳中真正能反映與卦氣說有聯繫的是《要》篇中「益之為卦也，春以授夏之時也，萬物之所出也，長日之所至也，產之室也。故曰益。授〈損〉者，秋以授冬之時也，萬物之所老衰也，長〔夜之〕所至也。故曰產道窮焉，而產道□焉」一節文字。這節文字的主題說的不是卦氣，但它透漏出了有關卦氣的知識。現在我們來看一下清人惠棟《漢易學》中的漢易卦氣六日七分圖。據此圖，益卦正在立春與雨水之間，損卦正在立秋之後的處暑。……我認為，益、損兩卦與漢易的六日七分圖相合，對於確定帛書中有卦氣觀念具有實質性意義。……《要》篇的說法主題講的雖不是卦氣問題，但卻透漏出其作者已具備漢易卦氣知識的信息。

丁四新《〈易傳〉類帛書零箚九則》：「長日」，即夏至日。「室」當讀為「窒」，與下「窮」字相應。窒，上古音在端紐質部。室，上古音在書紐質部。同屬舌音。室、窒二字，有通假之例。《論語·陽貨》：「惡果敢而窒者。」《釋文》：「魯讀窒為室。」《說文》：「窒，塞也。」「窒」與「窮」，其義不

盡相同。《爾雅・釋天》：「月陽」名：「月在甲曰畢，在乙曰橘，在丙曰修，在丁曰圉，在戊曰厲，在己曰則，在庚曰窒，在辛曰塞，在壬曰終，在癸曰極。」邢昺《疏》：「此辨以日配月之名也。……七月得庚，則曰窒相。……十月得癸，則曰極陽。』」

【按】：

「故曰益」後一字，《陳廖》釋「損」，其餘諸本皆釋爲「授」。從照片上看，此字確爲「授」字。諸本從文意上，認爲「授」爲「損」之誤，這是正確的。「長」下一字殘損嚴重，李學勤先生補爲「夕」，《陳廖》、《廖 C》從之，補爲「夕」。《池田 A》、《池田 B》和《裘文》補爲「夜」。裘先生認爲「長」下一字從殘畫看可能是「夜」字，不大可能是「夕」字。從照片中殘存筆劃以及與上下兩字的空間關係看，似補爲「夕」字更合適。

「產道」後一字，《陳廖》、《池田 A》、《池田 B》釋爲「窮」，《廖 A》釋爲「窳」，《廖 C》釋爲「𥥍」，《廖 B》、《廖 D》和《裘文》釋爲「窮」。按此字形爲 ![字形]，釋爲「窳」或「窮」，符合帛書原貌。

第二個「故曰」後釋文讀法，學者分歧較大，約有七種看法：

(1) 池田先生認爲第一個「產」爲「損」之誤，下文的「益」脫重文號，第二個「道」後的缺文補爲「極」或「冬」（終）。讀爲：故曰產〈損〉。道窮焉而產，道□〔極或冬〕焉益。

(2) 廖名春先生把缺文補爲「長」，第二個「焉」後補「而憂」。讀爲：故曰產。道窮焉而產，道〔長〕焉〔而憂〕。

(3) 池田先生又認爲兩「產」字皆「損」之誤，將第二個「道」後字釋爲「窮」。讀爲：故曰產〈損〉。道窮焉而產〈損〉、道窮焉益。

(4) 廖名春先生後又認爲第一個「產」爲「損」之誤，缺文補爲「達」，第二個「焉」後補「而亡」。讀爲：故曰產〈損〉。道窮焉而產，道〔達〕焉〔而亡〕。

(5) 李學勤先生和裘錫圭先生認爲「故曰」後脫「損」字，「產」字屬下讀，缺文當是具有「開始、興起」一類意思的字。讀爲：故曰〔《損》〕。產道窮焉，而產道□焉。

(6) 郭沂先生認爲「故曰」後脫「損」字，第二個「產」爲「衰」之誤，缺文補爲「通」。讀爲：故曰〈損〉。產道窮焉，而產（衰）道〔通〕

焉。

（7）丁四新先生認爲「產」不誤，補缺文爲「產」，讀爲：故曰產道窮焉，
　　而產道〔產〕焉。

比較這七種觀點，似以第五種最優。如此，此句可讀爲：授《損》者，
秋以授冬之時也，萬勿之所老衰也，長〔夕〕之所至也，故曰〔《損》〕。產道
窮焉，而產道□焉。

故釋文爲：

> 《益》之爲卦也，春以授夏之時也，萬勿之所出也，長日之所
> 至也，產之室也，故曰《益》。授《損》者，秋以授冬之時
> 也，萬勿之所老衰也，長〔夕〕之所至也，故曰〔《損》〕。產
> 道窮焉，而產道□焉。

「產之室」，池田先生釋爲充滿「產」的地方，或「產」這樣的作用的所
在地，鄧球柏先生釋爲生產的好環境，郭沂先生認爲是萬物產生、成長的處
所，皆將「室」解爲表空間之詞。丁四新先生提出新觀點，認爲「室」當讀
爲「窒」。觀丁先生之意，似有兩層：第一，以室通窒，窒爲塞，「產之室」
即產之塞，而產爲生，亦即生之塞。此窒與下「窮」字義近相應，「產之室」
即生之窒塞，或曰生之窮。按《要》篇言「益之爲卦也，春以授夏之時也，
萬物之所出也，長日之所至也，產之室也」，此時怎麼會生意窒塞？第二，以
「室」通窒，窒指七月窒相。按《爾雅・釋天・月名》：「七月爲相」，以邢昺
之疏，知七月逢庚日則曰窒相。但丁先生此說仍難通，《要》明言「春以授夏
之時」，怎麼會是七月窒相？

筆者認爲，「產之室」之「室」，既非表空間之詞，也不必以假字「窒」
釋之。按《釋名・釋宮室》：「室，實也，人物實滿其中也。」故室有實滿之
意。實爲滿。《詩・小雅・節南山》：「有實其猗。」毛傳：「實，滿也。」《小
爾雅・廣詁》：「實，滿也。」《禮記・玉藻》：「盛氣顚實揚休。」孔穎達疏：
「實，滿也。」實爲強盛。《素問・玉機眞藏論》：「其氣來實而強，此謂太過，
病在外。其氣來不實而微，此謂不及，病在中。」實即強。《素問・調經論》
「陰之生實奈何」，王冰注：「實，謂邪氣盛也。」《素問・玉機眞藏論》：「脈
盛，皮熱，腹脹，前後不通，悶瞀，此謂五實。」王冰注：「實，謂邪氣盛實。」
《爾雅・釋天》：「春爲發生，夏爲長嬴。」《要》篇所言「春以授夏之時」，

正是生之實滿、強盛之時，故曰「產之室」。

《要》篇「《益》之爲卦也，春以授夏之時也，萬勿之所出也，長日之所至也，產之室也，故曰《益》。授《損》者，秋以授多之時也，萬勿之所老衰也，長〔夕〕之所至也，故曰〔《損》〕」，對這兩句話，大部分學者都認爲與卦氣有關，但具體看法不同，約有兩種：

第一種認爲是以《損》《益》兩卦配春夏秋多四時。認爲《益》卦下震上巽，震爲春，巽爲夏初，《益》卦配春、秋兩季，故曰「春以授夏之時」；《損》卦下兌上艮，兌爲秋，艮爲多末，《損》卦配秋、多兩季，故曰「秋以授多之時」。這種做法是把《損》、《益》兩卦分成震巽兌艮四卦，以四卦配春夏秋多四時。這種觀點的根據是《說卦》的「帝出乎震」章，以及《易緯·乾鑿度》的八卦卦氣說：「震位在二月，巽位在四月……兌位在八月……艮位在十二月。」因此，這實際是以八卦卦氣來解釋這段話。但這種做法已不是以《損》《益》兩卦配時節，已曲解原文意思。

第二種認爲與六日七分卦氣有關。認爲按六日七分說，《益》居正月立春之時，故言「春以授夏之時」；《損》居七月立秋後處暑時，故言「秋以授多之時」。按六日七分卦氣說，在漢代有兩種，一爲京房易學和《易緯·稽覽圖》卷下以及《易緯·乾元序制記》所記，一爲《易緯·稽覽圖》卷上所記。以前者，《益》卦當正月立春，《損》卦當七月處暑。以後者，《益》卦當正月，《損》卦當七月。顯然，這與「《益》之爲卦也，春以授夏之時也」和「《損》之爲卦也，秋以授多之時」並不相符。因爲，《益》當正月，只能言「春」，怎能言「夏」？《損》當七月，只能言「秋」，怎能言「多」？因此，這種說法恐難以成立。

筆者認爲，這段話所反映的應是古代的一種卦氣說，上述兩種觀點都存在問題。問題的關鍵，是學者對「春以授夏之時」、「秋以授多之時」、「長日之所至」、「長〔夕〕之所至」多有誤解，需仔細分析考辨。「春以授夏之時」、「秋以授多之時」，學者一般認爲是春夏秋多四時。案《說文·手部》：「授，予也。」段玉裁注：「予者，推予也。」《廣雅·釋詁三》：「授，與也。」王念孫疏證：「鄭眾注《周官·太卜》云：與，謂予人物也。」是授有給予、付與之義。古有「授時」之制，《書·堯典》：「敬授民時。」是把「時」授予人眾。「春以授夏之時」，「以」後省賓語「之」，此賓語「之」應指「時」，指四時之時節。這句話乃擬人修辭手法，意爲：春把時節付與夏的時候，似應指

春和夏的一部分時間，而不是整個春和夏。同樣地，「秋以授冬之時」，「以」後也省賓語「之」，此賓語「之」也應指「時」，也指四時之時節。此句意爲：秋把時節付與冬的時候，似應指秋和冬的一部分時間，而不是整個秋和冬。因此，認爲「春以授夏之時」指春與夏，「秋以授冬之時」指秋與冬，把這兩句話解釋爲四時，是不確切的。

「長日之所至」，學者們或認爲「長日」即夏至，或認爲「長日至」即《呂氏春秋‧仲夏紀》的「日長至」，即夏至。這些看法可能都不準確。《禮記‧郊特牲》：「郊之祭也，迎長日之至也。」鄭注：「《易》說曰：『三王之郊，一用夏正。』夏正，建寅之月也。此言迎長日者，建卯而晝夜分，分而日長也。」孔穎達疏：「迎長日之至也者，明郊祭用夏正建寅之月，意以二月建卯，春分後日長，令正月建寅郊祭天，而迎此長日之將至。」所謂「建卯而晝夜分」，指二月春分。《呂氏春秋‧仲春記》：「是月也，日夜分。」高誘注：「分，等，晝夜鈞也。」指春分第一天，晝夜的時間等長。從春分第二天起，白晝的時間長過夜晚的時間，並且一天長於一天，一直到夏至第一天白晝時間最長，然後開始減少，故鄭氏言：「建卯而晝夜分，分而日長也。」因此，「長日」應是指從二月春分第二天起，至五月夏至第一天止的一段時間，包括春分（除去第一天）、清明、穀雨、立夏、小滿、芒種以及夏至的第一天，約六個節氣九十天。《呂氏春秋‧仲夏記》：「是月也，日長至，陰陽爭，死生分。」其「日長至」指五月夏至，是一個節氣十五天。因此，《要》篇「長日之所至」，與《呂氏春秋‧仲夏紀》「日長至」的涵義是不同的。《要》篇「長日之所至」，是說從春分第二天起至夏至第一天止的一段時間到了。

「長〔夕〕之所至」，學者們認爲即冬至，與《呂氏春秋‧仲冬記》「日短至」涵義相同。這種看法可能也不正確。《呂氏春秋‧仲冬紀》：「是月也，日短至。陰陽爭，諸生蕩。」其「日短至」指十一月冬至，是一個節氣十五天。八月秋分第一天，黑夜和白晝的時間均分等長。從秋分第二天起，黑夜的時間長過白晝的時間，並且一天長於一天，一直到冬至第一天黑夜時間最長，然後開始減少。《要》篇「長夕」應指從八月秋分第一天起至十一月冬至第一天止，包括秋分（除去第一天）、寒露、霜降、立冬、小雪、大雪、冬至第一天，約六個節氣九十天。因此《要》篇「長〔夕〕之所至」，與《呂氏春秋‧仲冬紀》「日短至」的涵義是不同的。《要》篇「長〔夕〕之所至」，是說從秋分第二天起至冬至第一天止這一段時間到了。

　　因此，「春以授夏之時」、「長日之所至」，應是指從二月春分第二天起至五月夏至第一天止的一段時間；「秋以授冬之時」、「長〔夕〕之所至」，應是指從八月秋分第二天起至十一月冬至第一天止的一段時間。《要》篇「《益》之爲卦也，春以授夏之時也，萬勿（物）之所出也，長日之所至也，產之室也」，應指《益》卦當值從二月春分第二天起至五月夏至第一天止的一段時間；「《損》者，秋以授冬之時也，萬勿（物）之所老衰也，長〔夕〕之所至也」，應指《損》卦當值從八月秋分第二天起至十一月冬至第一天止的一段時間。以現有的卦氣說資料，《損》《益》兩卦與時的相配，還沒發現這種配法。

　　因此，《要》篇此處所言，應是已佚失的一種古卦氣說。由於這種卦氣說早佚，其具體情形已不得而知。現在所能知道的，是以《益》卦當春分至夏至前的一段時間，以《損》卦當秋分至冬至前的一段時間。認爲《要》篇卦氣說是以《損》、《益》兩卦當四時，或與六日七分說相符，都是不成立的。

　　此句意爲：《益》作爲卦，正當值春天把時節授予夏天的時候，萬物所盛出，白晝比黑夜一天比一天增長，是生長的時節，故稱爲益。《損》卦，正當值秋天把時節授予冬天的時候，萬物老衰，黑夜比白晝一天比一天增長，故稱爲損。生道窮盡時，生道即開始。

【釋文】

《陳廖》：〔益之〕始也吉，其冬（終）也凶。損之始凶，其冬（終）也吉。

《池田 A》：益之]始也吉、亓冬也凶。損之始也凶、亓冬也吉。

《池田 B》：〔益〕之始也吉、亓冬也凶。損之始〔也〕凶、亓冬也吉。

《廖 A》：益之始也吉，亓冬也凶；損之始凶，亓冬也吉。

《廖 B》：益之始也吉，亓冬也凶；損之始凶，亓冬也吉。

《廖 C》：益之始也吉，亓冬也凶；損之始凶，亓冬也吉。

《廖 D》：益之始也吉，亓冬也凶；損之始凶，亓冬也吉。

《裘文》：益之始也吉亓冬也凶損之始凶亓冬也吉

【集釋】

池田知久《馬王堆漢墓帛書〈要〉篇的研究》：「多」是「終」的簡劃字或假借字，《馬王堆帛書》中在「終」的意義上頻繁地使用。「亓多也凶」，可能與「益」卦尚（上）九以「莫益之，或擊之。立心勿恒，凶」結束有關係。「亓多也吉」，也許與「損」卦尚（九）以「弗損益之，无〔咎〕。貞吉。有攸往，得僕无家」結束有關係。

廖名春《帛書釋〈要〉》：萬物所出，故云「《益》之始也吉」；但茂長過後，從夏至起，陽氣一天天消退，陰氣一天天增長，從尊陽抑陰的觀念出發，故云「其多（終）也凶」。萬物老衰，故云「《損》之始凶」；但老衰之後多至一到又陽氣復萌，故云「其多（終）也吉」。

李學勤《帛書〈要〉篇及其學術史意義》：以此與《淮南子》《說苑》相當的章節對比，不難看出其間思想的異同。……《淮南子·人間》說：「事或欲以利之，適足以害之；或欲害之，乃反以利之。利害之反，禍福之門戶，不可不察也。」同《要》篇的「〔《益》之〕始也吉，其多（終）也凶；《損》之始凶，其多（終）也吉」有共通之處。《說苑·敬慎》則述孔子和子夏問答，所講如：「天之道，成者未嘗得久也。」「日中則昃，月盈則食，天地盈虛，與時消息。」凡此都和《要》篇相通。

鄧球柏《帛書周易校釋》（增訂本）：《益》卦開始吉善，最終凶惡。（《益》卦初九爻辭「元吉」，尚九爻辭「凶」。）《損》卦開始凶惡，最終吉善。（《損》卦九二爻辭「凶」，尚九爻辭「吉」。）

趙建偉《出土簡帛周易疏證》：《益》卦初九「元吉」而上九「凶」，《損》卦九二「徵凶」而上九「貞吉」，《序卦》也說「益而不已必決」、「損而不已必益」。

邢文《「損益」與「君道」》：益之卦，當多去春來，「萬物仰而生」，所以說「益之始也吉」；「夏日至則陰乘陽，是以萬物就而死」，所以說「其終也凶」。損之卦相反：始以「萬物之所老衰也」，終以「冬日至則陽乘陰，是以萬物仰而生」，所以說「損之始凶，其終也吉」。

郭沂《帛書〈要〉篇考釋》：益卦開始的時候吉，但最後凶；損卦開始的時候凶，但最後吉。

【按】

池田先生認爲「損之始」後脫「也」字，或有可能。

釋文爲：

《益》之始也吉，亓冬也凶。《損》之始凶，亓冬也吉。

此兩句應是根據卦氣說而言。以卦氣說，《益》卦始值春分，正當萬物盛長，故曰「《益》之始也吉」。《益》卦最終當值夏至第一天，一陰萌發，萬物轉盛爲衰，故曰「其終也凶」。《損》卦始值秋分，正當萬物老衰，故曰「《損》之始凶」。《損》卦最終當值冬至第一天，一陽萌發，萬物轉衰爲生，故曰「其終也吉」。

此句意爲：《益》卦開始吉，終結時凶。《損》卦開始凶，終結時吉。

【釋文】

《陳廖》：損益之道，足以觀天地之變，而君者之事已。二十行

《池田 A》：損益之道、是以觀天地之變、而君者之事已。第二十行

《池田 B》：損益之道、是以觀天地之變、而君者之事已。第二十行

《廖 A》：損益之道，足以觀天地之變而君耂之事已。20行

《廖 B》：損益之道，足以觀天地之變而君耂之事已。二十行

《廖 C》：損益之道，足以觀天地之變而君耂之事已。20行

《廖 D》：損益之道，足以觀天地之變而君耂之事已。二十行

《裘文》：損益之道足以觀天地之變而君者之事已

【彙校】

裘錫圭《帛書〈要〉篇釋文校記》：「以」上一字確是「足」字。

【集釋】

池田知久《馬王堆漢墓帛書〈要〉篇的研究》：「已」在此作爲語氣詞，而動詞之意也許是《廣雅・釋詁》的「已，訖也。」通行本《易經》損卦初九爻辭有「已事遄往，无咎。酌損之。」「王者之事」好像可以看成是根據這

「已事」而寫的。

廖名春《帛書釋〈要〉》：而，並列連詞。王引之《經傳釋詞》卷七：「而，猶與也，及也。」

李學勤《帛書〈要〉篇及其學術史意義》：《要》篇這章的特點，在於把《損》、《益》和四時的流轉結合起來……明君順於天地之變，即能預知吉凶，《易》道便在於此。這種觀點，可以說是後世流行的卦氣說的濫觴。

廖名春《帛書〈易傳〉象數說探微》：在「六日七分」說中，益卦當立春正月節，為六十日七十分；損卦當處暑七月節，為二百四十九日四十七分。《易緯·乾鑿度》有「益者，正月之卦也，天氣下施，萬物皆益，言王者之法天地，施政教，而天下被陽德，蒙王化」云云，正是「六日七分」說。而帛書《要》篇此段話以益卦當春夏兩季，損卦當秋冬兩季，其說與「六日七分」說顯然有別，應是一種原始狀態的、樸素的卦氣說。帛書記它為孔子之語，可見卦氣說的淵源之早。

鄧球柏《帛書周易校釋》（增訂本）：《損》《益》的原則，完全可以用來觀察天地的變化和君王的事業。

趙建偉《出土簡帛周易疏證》：「變」謂盈虛規律。「已」，盡、包括。

郭沂《帛書〈要〉篇考釋》：「已」，完畢，完成，成功。《廣雅·釋詁三》：「已，成也。」《玉篇·已部》：「已，畢也。」根據損益之道，足以觀察天地的變化，從而使君主的事業有所成功。

【按】

「以」上一字《池田 A》、《池田 B》釋為「是」，其餘諸本釋為「足」。按此字形作 ，為「足」字無疑。「君」後一字釋「老」，符合帛書原貌。

故釋文為：

《損》《益》之道，足以觀天地之變而君老之事已。 二十行

「天地之變」，指盈虛、生死隨時之變。《象·損》曰：「損益盈虛，與時偕行。」《象·益》曰：「益動而巽，日進无疆。天施地生，其益无方。凡益之道，與時偕行。」皆其意。「而君者之事已」之「而」，廖名春先生認為是並列連詞，并引王引之《經傳釋詞》卷七「而，猶與也，及也」，鄧球柏先生釋為「和」，其說當是。按《論語·雍也》：「不有祝鮀之佞，而有宋朝之美，

難乎免於今之世矣。」皇侃疏：「言人若不有祝鮀佞，及有宋朝美，則難免今之患難也。」《左傳・昭公二十五年》：「哀樂而樂哀，皆喪心也。」「已」，句尾語氣詞，表示確定語氣。《書・洛誥》：「公定，予往已。」《史記・太史公自序》：「皆失其本已。」司馬貞索隱：「已者，語終之辭也。」趙建偉先生釋「已」爲盡、包括，不確。

此語意爲：從《損》《益》之道，足以觀察天地的變化和君主的事業。

【釋文】

《陳廖》：是以察於損益之總（？）者，不可動以憂（憙）。

《池田 A》：是以察於損益之變者、不可動以憂憙。

《池田 B》：是以察於損益之變者、不可動以憂憙。

《廖 A》：是以察於損益之變者，不可動以憂憙。

《廖 B》：是以察於損益之變者，不可動以憂憙。

《廖 C》：是以察於損益之變者，不可動以憂憙。

《廖 D》：是以察於損益之變者，不可動以憂憙。

《裘文》：是以察於損益之變者不可勤以憂憙。

【彙校】

李學勤《帛書〈要〉篇的〈損〉〈益〉說》：是以察於《損》、《益》之變者，不可動以憂患。

裘錫圭《帛書〈要〉篇釋文校記》：「憂」下一字，從「心」從「壴」之形，當合乎帛書原貌。（校按：原字確作此形。）此字可以視爲「喜」之異體（「喜」從「口」從「壴」，作爲表意偏旁「心」、「口」相通。）也可以釋爲「憙」。

【集釋】

池田知久《馬王堆漢墓帛書〈要〉篇的研究》：「察於損益之變者、不可動以憂憙」的意思，好像與《說苑》敬愼篇「夫學者以虛受之，故日得」和《孔子家語》六本篇「夫學者損其自多，以虛受之。故能成其滿」大體上相

當。

廖名春《帛書釋〈要〉》：「不可動以憂憙」，即不可因《損》之始也凶憂，《益》之始也吉喜，吉凶損益就像節氣一樣，是不斷地轉換變化的。

鄧立光《從帛書〈易傳〉看孔子之〈易〉教及其象數》：爲政以德，不能以個人嗜好而任意爲之（「不可動以憙」，段玉裁注憙與嗜同義），須按四時之序——春生夏長，秋收冬藏——順之以行教令，以此爲治理天下之綱紀。孔子答哀公問仁，即有順四時行教令之說，其言曰：「司徒司春，以教民之不時不若不令，成長幼老疾孤寡，以時通於四疆。……方春三月，緩施生育，動作百物，於時有事，享於皇祖皇考，朝孤子八人，以成春事。司馬司夏，以教士車甲。凡士執使論功，修四衛。強股肱，質射御，才武聰慧，治眾長卒，所以爲儀綴於國。……方夏三月，養長秀蕃庶物。於時有事，享於皇祖皇考，爵士之有慶者七人，以成夏事。司寇司秋，以聽獄訟，治民之煩亂，執權變民中。……方秋三月，收斂以時。於時有事，嘗新於皇祖皇考，食農夫九人，以成秋事。司空司冬，以制度制地事，準揆山林，規表衍沃，畜水行，以節四時之事，治地遠近，以任民力，以節民食，太古食壯之事，攻老之事。……方冬三月，草木落。庶虞藏，五穀必入於倉。於時有事，蒸於皇祖皇考，息國老六人，以成冬事。」（《大戴禮記・千乘》）四季各有專官以司其職，司徒教民，司馬教戰，司寇主刑，司空主百工之事；人君於春朝孤子，夏爵士人，秋食農夫，冬息國老，皆順四時而行教令之事也。春以八，夏以七，秋以九，冬以六，適當河圖成數之四序。四季數序實有五行方位之內容。

鄧球柏《帛書周易校釋》（增訂本）：因此，應從總體上把握《損》《益》之道，不能夠感情用事。

趙建偉《出土簡帛周易疏證》：「總」與「要」同，謂概括、概要，《黃帝四經・十大經・成法》「千言有要，萬言有總」，要、總互文。

邢文《「損益」與「君道」》：《淮南子・原道》：憂憙，釋文作「憂（憙）」，括弧或係誤加。（自注：查李學勤師拼復稿，亦見「憙」字。）「夫喜怒者，道之邪也；憂悲者，德之失也；……人大怒破陰，大喜墜陽；……故心不憂樂，德之至也；通而不變，靜之至也」，可與「不可動以憂憙」對看。

郭沂《帛書〈要〉篇考釋》：「察於損益之變者，不可動以憂喜」，損則憂，益則喜，乃人之常情。但在孔子看來，事物是在不斷變化的，損益也可相互

轉變，因此懂得了損益的轉變，就不可遇損則憂，遇益則喜。

【按】

「之」後一字，《陳廖》本釋爲「總」，其餘諸本釋爲「變」。按此字形作 ![字形]，與《要》篇其他「變」字形 ![字形] ![字形] 吻合，應爲「變」字無疑。「變」後一字釋「老」，符合帛書原貌。「憂」後一字，《廖A》釋爲「憙」，《裘文》釋爲「憙」，其餘諸本釋爲「憙」。按此字形爲 ![字形]，裘先生認爲此字從「心」從「壴」之形，合乎帛書原貌，可視爲「喜」之異體或釋爲「憙」。其說當是。

故釋文爲：

> 是以察於《損》《益》之變老，不可動以憂憙。

「察於《損》《益》之變者，不可動以憂喜」，指反覆觀看《損》《益》卦象，《損》卦變爲《益》卦，《益》卦變爲《損》卦，明白吉變爲凶、凶變爲吉的道理，就不會見《益》認爲吉而喜，見《損》認爲凶而憂。《損》之《象》曰：「山下有澤，損。君子以懲忿窒欲。」孔穎達疏：「懲止忿怒，窒塞情欲。」正《要》「察於《損》《益》之變者，不可動以憂喜」之義。

此句意爲：所以通過觀察《損》《益》的變化，就不會見《益》而喜，見《損》而憂。

【釋文】

《陳廖》：故明君不時不宿，不日不月，不卜不□□□□□□□□□地之也，此胃易道。

《池田A》：故明君不時不宿、不日不月、不卜不[筮、而知吉與凶、順於天]地之也。此胃易道。

《池田B》：故明君不時不宿、不日不月、不卜不筮、而知吉與凶、順於天地之〔變〕也。此謂易道。

《廖 A》：故明君不時不宿，不日不月，不卜不筮，而知吉與凶，順於天地之心，此胃易道。

《廖 B》：故明君不時不宿，不日不月，不卜不筮，而知吉與凶，

順於天地之心，此胃易道。

《廖 C》：故明君不時不宿，不日不月，不卜不筮，而知吉與凶，
　　　　順於天地之也，此胃易道。

《廖 D》：故明君不時不宿，不日不月，不卜不筮，而知吉與凶，
　　　　順於天地之也，此胃易道。

《裘文》：故明君不時不宿不日不月不卜不筮而知吉與凶順於天地
　　　　之心此胃易道

【彙校】

池田知久《馬王堆漢墓帛書〈要〉篇的研究》：故明君不時不宿、不日不
月、不卜不[筮、而知吉與凶、順於天]地之□也。此胃易道。

「[筮、而知吉與凶、順於天]」是影印件中的八、九個缺字。影印件第十
行上中間部分有「筮，而知吉與凶，順於天」九字，這九字本來應該在這裡。
「地之」之下奪一字，可能是「順於天地之□也」這樣的句子。

李學勤《帛書〈要〉篇的〈損〉〈益〉說》：故明君不時不宿，不日不月，
不卜不筮，而知吉與凶，順於天地之〔□〕也，此胃（謂）《易》道。「天地
之」下一字原脫。

裘錫圭《帛書〈要〉篇釋文校記》：「天地之」下一字，釋為「心」，顯然
是正確的。《陳廖》、《池田 A》誤釋為「也」，池田知久因此誤認為「地之」之
下原奪一字，《池田 B》並將這個莫須有的奪字補為「變」。

【集釋】

池田知久《馬王堆漢墓帛書〈要〉篇的研究》：「不時不宿、不日不月」
是沒有觀察時、宿、日、月的意思。「宿」，《說文解字》有「宿，止也。從
宀佰聲。佰、古文夙。」在此是星宿之意（據文教大學工藤元男氏的指教）。
「時宿」相當於下文「日月生辰」。「不日不月」《詩經・君子于役》有「君
子于役，不日不月」，鄭箋注曰「行役反無日月」，不過本篇的場合好像與此
無關。「地」或者也許是「施」的假借字。「[順於天]地之□也」前後的意思
是說，如果推測《易》之損益之卦的話，即使實際上不觀察時宿，日月，也
能完全順於「天地之□」。再者，如果「地」是「施」的假借字的話，請參
照上述所引的通行本《易經》益卦之象傳「天施地生，其益无方。凡益之道，

與時偕行」和《荀子・大略》「王者先仁而後禮，天施然也。」

　　廖名春《帛書釋〈要〉》：時，指吉時。《禮記・曲禮上》：「卜筮者，先聖王之所以使民信時日、敬鬼神，畏法令也；所以使民決嫌疑，定猶與也。」孔穎達疏：「時者，四時及一日十二時也。」《史記・日者列傳》：「昔先王之定國家，必先龜策日月，而後乃敢代；正時日，乃後入。」《漢書・禮樂志》：「練時日，候有望。」顏師古注：「練，選也。」不時，即不擇吉時。宿，祭祀前主祭人別居齋戒之稱。《周禮・春官・太史》：「戒及宿之日，與群執事，讀禮而協事。」《禮記・禮器》：「三月繫，七日戒，三日宿，慎之至也。」鄭玄注：「宿，致齋也。將有祭祀之事，必先敬慎如此。」《史記・封禪書》：「秦以冬十月為歲首，故常以十月上宿郊見，通權火，拜於咸陽旁，而衣上白，其用如經祠云。」裴駰《集解》引李奇曰：「宿，猶齋戒也。」不宿，即不行齋戒。「不日不月，不卜不筮，而知吉與凶」，《管子・白心》作「不日不月，而事以從；不卜不筮，而謹知吉凶」。尹知章注：「但循道而往；不計日月，事已從而成也」，「順道則吉，違道則凶，豈須卜筮而知乎。」不日不月，即不選擇吉日良月。《說苑・反質》所載與帛書此意也極近：「信鬼神者失謀，信日者失時。何以知其然？夫賢聖周知，能不時日而事利，敬法令，貴功勞，不卜筮而身吉；謹仁義，順道理，不禱祠而福。……孔子曰：『非鬼神而祭之，諂也。』是以泰山終不享季氏之旅。《易》稱東鄰殺牛，不如西鄰之禴祭，蓋重禮不貴物也，敬實而不貴華。誠有其德而推之，則安往而不可？」論述的重點雖有不同，但材料來源是一致的。應該說，《管子・白心》和《說苑・反質》的這些相同的語言，都是取於帛書所載的《易》說。《說苑・反質》都是圍繞重質這一中心選材的。它第一章記孔子與子貢論《賁》卦，上引即第二章，反對時日、卜筮，主張謹仁義，順道理，不禱祠而福，並引孔子與《周易》語以證。這兩章應是取自一種記載孔子《易》說的書。我們知道，帛書《要》篇有記孔子與子貢論《易》節。孔子與子貢論《易》的記載肯定不止於此，《要》篇很可能只選了重要的一節，而《說苑・反質》選了另一節。……《說苑・反質》這頭兩章的材料，它們接連出現並非偶然，而是從一種較帛書《要》篇更完整的記載孔子《易》說的書中選取的。帛書《要》篇從這種書中選取了一些重要的、較完整的章節，而《說苑・反質》則只簡略地摘引一些論據。……（與《管子・白心》）比較之下，帛書《要》篇的出處應更原始。

鄧立光《從帛書〈易傳〉看孔子之〈易〉教及其象數》：不時不宿，其義實同於《月令》所言天子居明堂之道。

趙建偉《出土簡帛周易疏證》：「不時」，不計數四時八節。「不宿」，不辨四象、二十八宿。「不日不月」，不計數日月。此猶《黃帝四經·十大經·順道》的「大庭氏之有天下也，不辨陰陽，不數日月，不志四時」。「此謂《易》道」，此爲《易》的易簡無之道。

邢文《「損益」與「君道」》：「不時不宿，不日不月，不卜不筮」爲「不……不……」並列句，「不」後爲動詞並列。「時」，先王應時的祭禮，或曰時享。《國語·周語上》：「日祭、月祀、時享、歲貢、終王，先王之訓也。」《楚語下》又有「時類」：「是以古者先王日祭、月享、時類、歲祀。」宿，祭祀前的齋戒。「日」、「月」，即「朝日」、「夕月」的祭祀。《禮記·表記》：「昔三代明王，皆事天地之神明，無非卜筮之用，不敢以其私褻事上帝，是故不犯日月，不違卜筮。」鄭注：「日月，謂冬夏至、正月及四時也。」《周禮·典瑞》鄭注：「天子常春分朝日，秋分夕月。」《國語》：「古者，先王既有天下，又崇立於上帝、明神而敬事之，於是乎有朝日夕月以教民事君。」

郭沂《帛書〈要〉篇考釋》：「時」，時辰。「宿」，星宿。古人根據時辰、星宿以及日月判斷吉凶。而在孔子看來，如果懂得損益變化之道，英明的君主不必依據這些便可預知吉凶。早在孔子之前，「天地之心」這個概念已見於復卦《象傳》。其文曰：「『復，亨』，剛反，動而以順行。是以『出入无疾，朋來无咎。』『反覆其道，七日來復』，天行也。『利有攸往』，剛長也。復，其見天地之心乎！」在《象傳》的作者看來，從復卦的剛柔消長，可以發現「天地之心」，即天地的意志。孔子是在相似的意義上使用「天地之心」這個概念的，只不過他是把損益二卦的轉變看作「天地之心」罷了。其實，損益之變和復卦的剛柔消長的道理完全是一致的。「此胃易道」之「易」，非《易》之書，而是作爲最高概念的「易」。所以英明的君主不靠時辰和星宿，也不依日月，甚至不卜不筮，卻能預知吉凶，從而順應天地的意志。這就是易道。

李學勤《帛書〈要〉篇的〈損〉〈益〉說》：「時」指時節，「宿」指星宿。時、宿、日、月、卜、筮，都是趨吉避凶的數術。

【按】

「天地之」下一字，《廖 A》、《廖 B》、《裘文》諸本作「心」，其餘諸本作

「也」。按此字形如下：

《要》篇有關「心」的字形如：

《要》篇的「也」字很多，其字形一致，如：

比較字形，「天地之」下一字與「心」較吻合，釋爲「心」是合適的。

故釋文爲：

> 故明君不時不宿，不日不月，不卜不筮，而知吉與凶，順於天地之心，此胃《易》道。

按《彖傳·復》「《復》其見天地之心乎」，王弼注：「復者，反本之謂也，天地以本爲心者也。」是「天地之心」即「天地之本」，心爲本。又心爲性。《韓非子·觀行》：「西門豹之性急，故佩韋以緩己。董安于之心緩，故佩弦以自急。」性、心互文，故心即性。「天地之心」即天地之本性。從上文講《損》《益》之卦互覆變化、《損》《益》卦氣之變、「察於《損》《益》之變」、「變以備其情」等看，此「天地之心」──天地的本性，應指變易，此即下言「《易》道」的內容。

時、宿、日、月、卜、筮，指古代君主用來趨吉避凶的數術。宿爲星，《玉篇·宀部》：「宿，星宿也。」《集韻·宥韻》：「宿，列星也。」時、宿、日、月、卜、筮屬古代數術的天文、曆譜和蓍龜類。《漢書·藝文志》：「天文者，序二十八宿，步五星日月，以紀吉凶之象，聖王所以參政也。」天文即星占，包括日月五星之占。曆譜涉及四時和日月之術。《漢書·藝文志》：「曆譜者，序四時之位，正分至之節，會日月五星之辰，以考寒暑殺生之實。……又以探知五星日月之會，凶阨之患，吉隆之喜，其術皆出焉。」卜爲龜卜，筮爲蓍占。卜筮又稱爲蓍龜。《漢書·藝文志》：「蓍龜者，聖人之

所用也。《書》曰：女則有大疑，謀及卜筮。《易》曰：定天下之吉凶，成天下之亹亹者，莫善於蓍龜。是故君子將有爲也，將有行也，問焉而以言，其受命也如向，無有遠近幽深，遂知來物。非天下之至精，其孰能與於此。」

此句意爲：所以明君不用序四時之位，不用推步日月五星，不用卜筮之占，就能預知吉凶，這是由於順從了天地的本性。（這種天地本性）就是《易》道。

【釋文】

《陳廖》：故易又（有）天道焉，而不可以日月生（星）辰盡稱也，故爲之以陰陽。

《池田A》：故易又天道焉，而不可以日月生辰盡稱也，故爲之以陰陽。

《池田B》：故易又天道焉、而不可以日月生辰盡稱也。故爲之以陰陽。

《廖A》：故易又天道焉，而不可以日月生辰盡稱也，故爲之以陰陽；

《廖B》：故易又天道焉，而不可以日月生辰盡稱也，故爲之以隂陽；

《廖C》：故易又天道焉，而不可以日月生辰盡稱也，故爲之以陰陽；

《廖D》：故易又天道焉，而不可以日月生辰盡稱也，故爲之以陰陽；

【集釋】

池田知久《馬王堆漢墓帛書〈要〉篇的研究》：這句的意思是說，包含於《易》中的「天道」的眞正情形，即使觀察「日月」、「生辰」這樣的個別具體而多樣的現象，也是不能把握的。「地道」以下也仿此。「故爲之以陰陽」是說，爲了把握《易》中的「天道」，不是通過觀察「日月生辰」這樣個別具體多樣的現象，而是通過觀察作爲「天道」基本原理的「陰陽」爲好。

鄧球柏《帛書周易校釋》（增訂本）：所以《周易》中有天道，但用日、月、星、辰不能完全概括天道，因而用「陰陽」這兩個概念去囊括天道。

郭沂《帛書〈要〉篇考釋》（增訂本）：在一般人看來，所謂「天道」不過是「日月星辰」，「地道」不過是「水火金土木」，「人道」不過是「父子君臣夫婦先後」，「四時之變」不過是「萬物」的變化。但在孔子看來，它們並不能分別「盡稱」「天道」、「地道」、「人道」和「四時之變」。正因如此，《易》又創設「陰陽」、「柔剛」、「上下」、「八卦」來分別規定「天道」、「地道」、「人道」和「四時之變」。所以《易》有天道，但日月星辰並不能完全指稱它，因此為它設立了陰陽；

【按】

此釋文無異議，為：

> 故《易》又天道焉，而不可以日月生辰盡稱也，故為之以陰陽。

「為」與下文「律」、「要」互文義近，「律」和「要」皆有抽象概括之義（見下），故「為」也應為概括之義。鄧球柏先生釋「為」為「囊括」，是正確的。

此句意為：故《易》有天道，而不可用日月星辰完全地稱述它，故用陰陽來概括它。

【釋文】

《陳廖》：又（有）地道二十一行焉，不可以水火金土木盡稱也，故律之以柔剛。

《池田A》：又地道第二十一行焉，不可以水火金木土盡稱也，故律之以柔剛。

《池田B》：又地道第二十一行焉、不可以水火金土木盡稱也。故律之以柔岡。

《廖A》：又地道 21 行焉，不可以水火金土木盡稱也，故律之以柔剛；

《廖 B》：又地道二一行焉，不可以水火金土木盡稱也，故律之以柔
　　　　剛；

《廖 C》：又地道 21 行焉，不可以水火金土木盡稱也，故律之柔剛；

《廖 D》：又地道二一行焉，不可以水火金土木盡稱也，故律之以柔
　　　　剛；

【集釋】

　　池田知久《馬王堆漢墓帛書〈要〉篇的研究》：根據這裡的內容來看，「水火金木土」「五行」，是作為個別具體多樣的現象來理解的，不是作為構成《易》的「地道」的基本原理來理解的，或者至少是不被重視的。「律」《爾雅·釋詁》有「律，法也」，在這裡是基本原理之意。

　　鄧球柏《帛書周易校釋》（增訂本）：《周易》中有地道，但用水、火、金、土、木不能完全去概括地道，因而用「柔剛」這一對範疇去概括地道。

　　郭沂《帛書〈要〉篇考釋》：「律」，《說文》曰：「均布也。」段玉裁注曰：「律者，所以範天下之不一而歸於一，故曰均布也。」引申為約束、制約。有地道，但水火金土木並不能完全指稱它，因此以柔剛來限定它；

　　李學勤《帛書〈要〉篇的〈損〉〈益〉說》：水火金土木，即五行。帛書敘說五行，不依相生或相克的次序。這和數說方向的習慣有關。如把五行依五方分配，成為

　　較早的周人數方向可交叉數，數五行也是一樣，如《尚書·洪範》五行次第是水火木金土，《國語·鄭語》史伯也說「以土與金木水火雜」。帛書此處先數水火，繼以金土木，也是交叉數。

【按】

「柔」下一字，《池田B》本釋爲「岡」，其餘諸本釋爲「剛」。按此字形爲 ，從岡從刂，爲「剛」無疑，釋爲「岡」不確。

故釋文爲：

又地道二十一行焉，不可以水火金土木盡稱也，故律之以柔剛。

「律」有範義。《書・微子之命》「律乃有民」，蔡沈集傳：「律，範。」《說文・彳部》段注：「律者，所以範天下之不一而歸於一。」「範天下之不一而歸於一」即概括，故律有概括之義。律又通類。《爾雅・釋詁上》「律，法也」，郝懿行義疏：「律，通作類。」王念孫《讀書雜志・荀子第二・非十二子》：「《樂記》：『律小大之稱。』《史記・樂書》作類。」類爲概括之義，故律爲概括。

此句意爲：有地道，不可用水火金土木五行完全地稱述它，故用柔剛來概括它。

【釋文】

《陳廖》：又（有）人道焉，不可以父子君臣夫婦先後盡稱也，故要之以上下。

《池田A》：又人道焉，不可以父子君臣夫婦先後盡稱也。故要之以上下。

《池田B》：又人道焉、不可以父子君臣夫婦先後盡稱也。故要之以上下。

《廖 A》：又人道焉，不可以父子君臣夫婦先後盡稱也，故爲之以上下；

《廖 B》：又人道焉，不可以父子君臣夫婦先後盡稱也，故爲之以上下；

《廖 C》：又人道焉，不可以父子君臣夫婦先後盡稱也，故爲之以上下；

《廖 D》：又人道焉，不可以父子君臣夫婦先後盡稱也，故爲之以

上下；

《裘文》：又人道焉不可以父子君臣夫婦先後盡稱也故要之以上下

【彙校】

裘錫圭《帛書〈要〉篇釋文校記》：《廖 A》誤「要之」爲「爲之」。

【集釋】

池田知久《馬王堆漢墓帛書〈要〉篇的研究》：「要」《釋名》釋形體有「要，約也。在體之中，約結而小也。」乃是基本原理之意。本篇的《要》這樣的篇題，大概就是在作爲「天道、地道、人道」等的「要」的「易」（詳細地說是「陰陽、柔剛、上下」）這樣的意義上，而取自這裡的。……就「天」「地」而接著敘述，列舉了「父子、君臣、夫婦、上下」的《易》的文章，請參照通行本《易經》序卦傳「有天地然後有萬物。有萬物然後有男女。有男女然後有夫婦。有夫婦然後有父子。有父子然後有君臣。有君臣然後有上下。有上下然後禮儀有所措。」另外，像本書《要》篇這部分「易又天道焉，……故爲之以陰陽。又地道焉，……故律之以柔剛。又人道焉，……故要之以上下」那樣，從《易》中抽出「天道、地道、人道」的基本原理，又把它作爲是與「陰陽、柔剛、上下」等同一的文章，請參照通行本《易經》說卦傳第二節「昔者聖人之作易也，將以順性命之理。是以立天之道，曰陰與陽。立地之道，曰柔與剛。立人之道，曰仁與義。」帛書《周易》《易之義》篇也具有後者，作「[聖人之作易，以順性命之理。是以位]天之道，曰陰與陽。位地之道，曰柔與剛。位人之道，曰仁與義。」但是，《說卦傳》《易之義》篇「人之道」之「仁義」與本篇這部分的「上下」不一致。

鄧球柏《帛書周易校釋》（增訂本）：《周易》中有人道，但用父子、君臣、夫婦、先後等概念不能完全去概括人道，因此便用「上下」這一對範疇去概括人道。

趙建偉《出土簡帛周易疏證》：「要」，約。

郭沂《帛書〈要〉篇考釋》：「要」，約束、控制之意。有人道，但父子君臣夫婦先後並不能完全指稱它，因此以上下來規範它；

李學勤《帛書〈要〉篇的〈損〉〈益〉說》：「先後」，《史記·孝武本紀》索隱：「即今妯娌也。」「陰陽」、「柔剛」、「上下」和「八卦」，都是易學名詞。

帛書所說「上下」係指爻位。

【按】

「故」後一字，《廖 A》、《廖 B》、《廖 C》、《廖 D》諸本皆釋「爲」，其餘諸本作「要」。

按此字下部殘損，上部字形如下：

《要》篇有「爲」字，其字形如下：

《要》篇有「要」字，字形如下：

顯然，此字形與「爲」差別較大，而與「要」可相比勘，因此釋爲「要」是合適的。

故釋文爲：

又人道焉，不可以父子君臣夫婦先後盡稱也，故要之以上下。

先後，李學勤先生釋爲姒娌，其說當是。《史記・孝武本紀》：「故見神於先後宛若。」裴駰集解：「孟康曰：兄弟妻謂之先後。」司馬貞索隱：「先後，即今姒娌也。」《廣韻・霰韻》：「先後，猶娣姒。」《廣雅・釋親》：「姒娌娣姒，先後也。」要，總括。劉淇《助字辨略》卷四：「要，總舉之辭。」《史記・高祖功臣侯者年表》：「帝王者，各殊禮而異務，要以成功爲統紀。」《漢書・司馬遷傳》：「要曰強本節用，則人給家足之道也。」

《要》所言人道的上下，其內涵應指上下之位的變化。《乾鑿度》講「變易」曰：「君臣取象，變節相和，能消者息，（鄭注：文王是也。）必專者敗。（鄭注：殷紂是也。）君臣不變，不能成朝。紂行酷虐，天地反。（鄭注：不能變節，以下賢也。）……夫婦不變，不能成家。……此其變易也。」細觀此文，《乾鑿度》講「變易」關注君臣、夫婦之變，所謂「君臣取象，變節相

和」、「君臣不變，不能成朝」、「夫婦不變，不能成家」等等。這種「變易」思想與《要》「上下」涵義是相通的。

此句意爲：有人道，不可用父子君臣夫婦妯娌完全地稱述它，故用上下來概括它。

【釋文】

《陳廖》：又（有）四時之變焉，不可以萬勿（物）盡稱也，故爲之以八卦。

《池田 A》：又四時之變焉，不可以萬勿盡稱也。故爲之以八卦。

《池田 B》：又四時之變焉、不可以萬勿盡稱也。故爲之以八卦。

《廖 A》：又四時之變焉，不可以萬勿盡稱也，故爲之以八卦。

《廖 B》：又四時之變焉，不可以萬勿盡稱也，故爲之以八卦。

《廖 C》：又四時之變焉，不可以萬勿盡稱也，故爲之以八卦。

《廖 D》：又四時之變焉，不可以萬勿盡稱也，故爲之以八卦。

【集釋】

池田知久《馬王堆漢墓帛書〈要〉篇的研究》：在上文講「易又天道焉，……又地道焉，……又人道焉，……」窮盡了世界所有領域的「道」，特別是下文「君道」的場合，在文氣上也在其前邊結束了。與此相比，這「又四時之變焉」與下文的「又君道焉」，不免有點不整合的感覺。舉出作爲包含於《易》中之「道」的這「四時之變」與「君道」，大概是最新追加的《易》的解釋，正因爲如此，這才在抄寫的前漢初期成了格外被重視的「道」。以上出現的「陰陽、柔剛、上下、八卦」全用的是《易》的術語，表示的是其最基本的原理。作者想要講的是，人通過研究這些基本原理，能把握包含於《易》中的世界的「天道、地道、人道、四時之變」，進而通過它能在世界中生存、得到幸福。

廖名春《帛書釋〈要〉》：「陰陽」、「柔剛」是卦德爻德的基本概念，「上下」是卦位、爻位的基本概念，「八卦」是卦象的基本概念，而「天道」、「地道」、「人道」，又是所謂「三才之道」、「三極之道」。它們都是今本《易傳》、

《象》、《文言》、《繫辭》、《說卦》中的一些最主要的範疇。說他們是在「日月生（星）辰」、「水火金土木」、「父子、君臣、夫婦、先後」、「萬物」等概念不能「盡稱」天道、地道、人道、四時之變的情況下創造出來的，這實際是《繫辭》「易簡」說的翻版。不瞭解今本《易傳》的基本思想（尤其是《繫辭》），是說不出這些話來的。

鄧球柏《帛書周易校釋》（增訂本）：《周易》又反映了四時的變化，但萬物的名稱不能概括四時的變化，所以用「八卦」去概括刻畫四時的變化。

邢文《帛書周易研究》：八卦配四時，明白無疑的八卦卦氣說。

趙建偉《出土簡帛周易疏證》：八經卦分別代表四時八節。

郭沂《帛書〈要〉篇考釋》：有四時之變，但萬物並不能完全指稱它，因此為它設立了八卦。

【按】

此句釋文無異議，為：

> 又四時之變焉，不可以萬勿盡稱也，故為之以八卦。

此句「萬物」，其具體涵義應指隨著四時的變化而出現的各種物候，如《夏小正》所載：「三月田鼠化為駕」、「五月良蜩鳴」、「七月寒蟬鳴，時有霖雨」、「九月雀入於海為蛤」、「十月玄雉入於淮為蜃」、「十一月隕麋角」等；《逸周書・時訓解》所載：「雨水之日，獺祭魚。又五日，鴻雁來。又五日，草木萌動」、「夏至之日，鹿角解。又五日，蜩始鳴。又五日，半夏生」等等。「為」，與「為之以陰陽」之「為」意同，也為概括之義。

此句所言，應是古代八卦卦氣說。從現存文獻看，最早明確記載八卦卦氣說的是《易緯》。《易緯》有兩種八卦卦氣說，一種在《乾鑿度》卷上，主要是以八卦當值十二月。另一種在《通卦驗》，主要是以八卦與八節相配。從《要》篇看，八卦卦氣說可能先秦即存在。《易緯》的八卦卦氣說，可能就承之於《要》篇一類的書。如下圖。

《乾鑿度》卷上八卦氣圖

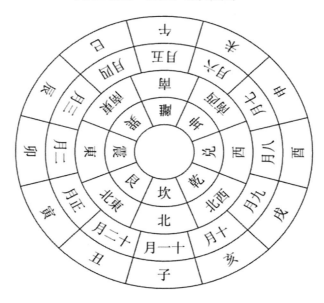

《通卦驗》八卦氣圖

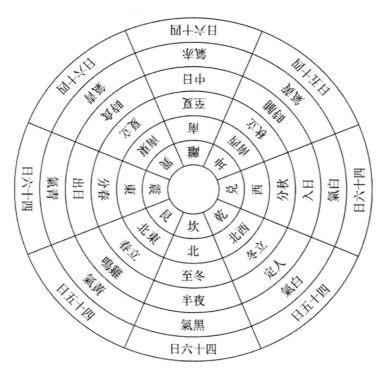

此句意為：有四時之變，不可以用各種物候完全地稱述它，故用八卦來概括它。

【釋文】

《陳廖》：故易之為書也，一類不足以亟（極）二十二行之，變以備亓請（情）者也，故謂之易。

《池田 A》：故易之為書也、一類不足以亟第二十二行之、變以備亓請者也。故胃之易。

《池田 B》：故易之為書也、一類不足以亟第二十二行之、變以備亓請者也。故胃之易。

《廖 A》：故易之為書也，一類不足以亟 22 行之，變以備亓請耂也。

《廖 B》：故易之為書也，一類不足以亟二二行之，變以備亓請耂也。

《廖 C》：故易之為書也，一類不足以亟 22 行之，變以備亓請耂也。

《廖 D》：故易之為書也，一類不足以亟二二行之，變以備亓請耂也。

【集釋】

廖名春《帛書釋〈要〉》：亟通極，意為窮盡。「一類不足以亟之」，是說僅視《易》為天道之書，或僅視其為講人道之書，都不足窮盡它的意蘊。「變以備其情者也」，是說《周易》以變易之道來全面反映自然界和人類社會的普遍規律。這是對上文「《易》又（有）天道焉」、「又（有）地道焉」、「又（有）人道焉」、「又（有）四時之變焉」的概括。

鄧球柏《帛書周易校釋》（增訂本）：因此，《周易》之所以為《周易》，是因為一類概念不足以囊括天道、地道、人道、易道，所以創造變化的原理以適應天、地、人、易的變化，這就叫做《易》。

趙建偉《出土簡帛周易疏證》：「極」，盡，包括。「情」，萬物的類別性質。「故謂之《易》」，以其能通過變易而達到廣大悉備，所以稱其為《易》。

郭沂《帛書〈要〉篇考釋》：「一類不足以極之」。「一類」即人們可以感覺到的客觀事物，即上文的「日月星辰」、「水火金土木」、「父子君臣夫婦先後」、「萬物」，也就是一般人心目中的「天道」、「地道」、「人道」和「四時之

變」。「極」，盡也，此處當指上文的「盡稱」。所謂「一類不足以極之」乃是對上文「不可以日月星辰盡稱也」、「不可以水火金木土盡稱也」、「不可以父子君臣夫婦先後盡稱也」、「不可以萬勿盡稱也」的概括。「變」指上文的「陰陽」、「柔剛」、「上下」、「八卦」。它們都是變化的因素，故謂之「變」。「被」，覆也，此處可理解爲「概括」，也類似「盡稱」。「情」，實情，這裡指「天道」、「地道」、「人道」、「四時之變」等的實情。所謂「變以被其情者也」，是對上文「爲之陰陽」、「律之以柔剛」、「要之以上下」、「爲之以八卦」的概括。所以《易》這部書所蘊涵的道理，象日月星辰、水火金土木、父子君臣夫婦先後、萬物這一類客觀事物是不能窮盡的，需要用陰陽、柔剛、上下、八卦這些變化的因素才能概括它的實情，因此它被稱爲「易（變易）」。

【按】

此釋文無異議，爲：

> 故《易》之爲書也，一類不足以亟二十二行之，變以備亓請者也，故胃之易。

「一類不足以極之」的「之」，和「變以備其情者」的「其」，其意皆指「《易》（《易》道）」。亟，古極字，窮盡之義。《玉篇・木部》：「極，盡也。」《廣韻・職韻》：「極，窮也。」「一類不足以極之」，意爲：天道、地道、人道、四時之變的每一類都不足以窮盡《易》道。「變以備亓請者也」的「以」，表示條件關係的連詞，相當於「才」。備，齊備。《廣韻・至韻》：「備，具也。」請通情，指實情。朱駿聲《說文通訓定聲・鼎部》：「請，叚借爲情。」「變以備其情者也」意爲：只有用變易才能完備地概括它的實情。

「故胃之易」，《陳廖》、《池田 A》、《池田 B》諸本屬之本句，《廖 A》、《廖 B》、《廖 C》、《廖 D》諸本屬之下句。鄧球柏、趙建偉、郭沂諸先生也讀爲本句。通觀句意，似應屬之本句爲妥。「故《易》之爲書也，一類不足以極之，變以備其情者也，故胃之易」，最後的「易」字即上文「變」，爲變易之義。郭沂先生釋「易」爲「變易」，其說當是。古代易學言「易」有「三義」：變易、不易、易簡，故「易」之一字實可能同時包括三義，也可爲其中一義的簡稱。如《乾鑿度》：「易者，易也，變易也，不易也，管三成爲道德苞龠。」第一個「易」字爲總括義，包括易簡、變易、不易三義，第二個「易」字爲易簡的簡稱。

此句意爲：故《易》作爲書，一類不足以窮盡易道，只有用變易才能完備地概括它的實情，故謂之變易。

【釋文】

《陳廖》：又（有）君道焉，五官六府不足盡稱之，五正之事不足以至之，

《池田A》：又君道焉，五官六府不足盡稱之，五正之事不足以蓳之。

《池田B》：又君道焉、五官六府不足盡稱之、五正之事不足以蓳之。

《廖 A》：故胃之易又君道焉，五官六府不足盡稱之，五正之事不足以至之，

《廖 B》：故胃之易又君道焉，五官六府不足盡稱之，五正之事不足以至之，

《廖 C》：故胃之易又君道焉，五官六府不足盡稱之，五正之事不足以至之，

《廖 D》：故胃之易又君道焉，五官六府不足盡稱之，五正之事不足以至之，

《裘文》：又君道焉五官六府不足盡稱之五正之事不足□產之

【彙校】

池田知久《馬王堆漢墓帛書〈要〉篇的研究》：「蓳」，因只能看到它的右半部分，所以也許是別的字。

裘錫圭《帛書〈要〉篇釋文校記》：「五正之事不足」之下一字，左上部不可見，右上部一筆頗像「以」的最右一筆，但其字下部似有「口」旁，所以不能看作「以」的殘字。（校按：所謂下部的「口」旁，其實是由於帛書變形而被擠到這裡來的「以」字的左旁。此字爲「以」字無疑。）此處第二字，……究竟是什麼字有待研究。（校按：細審照片，此字似確是「產」字，但左側稍殘。）

【集釋】

池田知久《馬王堆漢墓帛書〈要〉篇的研究》：是「蓳」的話，可能是「盡」

的假借字。「五官」，《禮記‧曲禮下》有「天子之五官，曰司徒司馬司空司士司寇，典司五眾。」「六府」，《禮記‧曲禮下》有「天子之六府，曰司土司木司水司草司器司貨，典司六職。」「五官六府」出自《墨子》節葬下篇，孫詒讓《墨子間詁》認爲，這不是天子、諸侯之制，是卿大夫之制，可能是古殷周侯國之制變化傳承至戰國時代的。「五正」，《管子‧禁藏》有「發五正」，尹知章注曰：「正，五官正也。」用「五官六府」與「五正」這樣的詞語欲表示的，可能是統治、行政所必要的詳細周到的實際性的知識和技術。並且，在作者看來，用它們到底不能完全把握「君道」的全部。

廖名春《帛書釋〈要〉》：「五官六府」並舉，見於《墨子‧節葬下》、《鶡冠子‧泰鴻》、《管子‧五行》等，但以其爲「君道」的內容之一，應以《墨子‧節葬下》說最爲接近。《墨子‧節葬下》「五官六府」孫詒讓間詁：「五官者，殷周侯國之制也。《史記‧周本紀》云『古公作五官有司』。《大戴禮記‧千乘篇》云『千乘之國列其五官』。《曾子問》『諸侯適天子，乃命國家五官而後行』，鄭注云『五官，五大夫典事者』。《管子‧大匡篇》云『乃令五官行事』。《商子‧君臣篇》云『地廣民眾，故分五官而守之』。《戰國策‧齊策》云『五官之計，不可不曰聽也』。《曲禮》『天子之五官，曰司徒、司馬、司空、司士、司寇，典司五眾。天子之六府，曰司土、司水、司木、司草、司器、司貨，典司六職』鄭注云『此亦殷時制也。府主藏六物之稅者』。六府，古籍無明文。《曲禮》六府，鄭君以爲殷制，則非周法。《左傳‧文七年》、《大戴禮記‧四代篇》並以水、火、金、木、土、穀爲六府，亦非官府。……天子有九府，六府或亦諸侯制與？」「五正」又見於帛書《十大‧五正》、楚帛書《天象》、《鶡冠子‧度萬》、《管子‧禁藏》等。帛書《十大‧五正》的本義李學勤先生認爲當爲君主自身與四方的正，而《鶡冠子‧度萬》「有神化，有官治，有教治，有因治，有事治」，則是對「五正」的發揮，是「五正」的不同層次。比較而言，帛書此處的「五正」，含義應與《十大‧五正》之說最近。

鄧立光《從帛書〈易傳〉看孔子之〈易〉教及其象數》：天子五官如《禮記‧典禮下》所云司徒、司馬、司空、司士、司寇皆典司群臣，此爲殷制，而周制則如鄭玄注云：大宰、司徒、宗伯、司馬、司寇、司空，合稱六官；六府則如《左傳‧文公七年》云「水、火、金、木、土、穀，謂之六府。」《大戴禮記‧四代》云「水、火、金、木、土、穀，此謂六府，廢一不可，進一

不可，民並用之。」如此，六府爲六項民生之必需物，而由六正主之，即《左傳・昭公二十九年》蔡墨言五行之官（木正、火正、金正、水正、土正）並田正是也；五行之官，五正是也。

邢文《鶡冠子》與帛書〈要〉：按《國語》有「五官」。觀射父對楚昭王：「於是乎有天、地、神、民、類物之官，是謂五官。」《左傳》有「六府」。晉郤缺言於趙宣子曰：「水、火、金、木、土、穀，謂之六府。」《左》、《國》分言五官、六府，其義代入《要》篇，文義可通。《鶡冠子》有「五官六府」。《泰鴻》篇泰一答泰皇「天地人事，三者孰急」之問，有：「五官六府，分之有道；無鉤無繩，混沌不分。」所論正是君道，又係五官六府並舉，必《要》篇所謂「五官六府」無疑。《淮南子》可見「五官六府」之詳。……《天文》下有詳釋五星、八風、五官、六府：「何謂五官？東方爲田，南方爲司馬，西方爲理，北方爲司空，中央爲都。何謂六府？子午、丑未、寅申、卯酉、辰戌、巳亥是也。」所論及於天時、人事，與君道相通，也符合《鶡冠子・泰鴻》「分之有道」的說法，應比《左》《國》所論更適合《要》篇。帛書《要》篇論及「君道」而及於「五正之事」，這與鶡冠子（《鶡冠子・度萬》）所論的「五正」之事自然可以參看。

李學勤《帛書〈要〉篇的〈損〉〈益〉說》：《墨子・節葬下》：「使王公大夫行此，則必不能蚤朝晏退，治五官六府。」《鶡冠子・泰鴻》：「五官六府，分之有道。」「五官」和「六府」還見於各種漢以前典籍，常用以泛指官府，如《急就篇》顏注云：「古言五官者，總舉眾職，以配五行，無所不苞，若今言百官也。」「五正」也見於好多古書，此處的意義近於《管子・四時》（作「五政」）和《禁藏》，泛指各種政令。

趙建偉《出土簡帛周易疏證》：「五官、六府」，古代官職名稱。《禮記・曲禮》「天子之五官，曰司徒、司馬、司空、司士、司寇，典司五眾」、「天子之六府，曰司土、司木、司水、司草、司器、司貨，典司六職」。《黃帝四經・十大經・五正》：「（黃帝曰）吾欲布施五正」，《管子・四時》作「五正」，指四時政令。

劉大鈞《〈周易〉古義考》：何謂「五官」？何謂「六府」？……惟有《淮南子》一書作了最有針對性的回答。《淮南子・天文訓》曰：「何謂五官？東方爲田，南方爲司馬，西方爲理，北方爲司空，中央爲都。何謂六府？子午；丑未；寅申；卯酉；辰戌；巳亥是也。」……案《春秋繁露・五行相生》：「天

地之氣，合而爲一，分爲陰陽，判爲四時，列爲五行。行者，行也。其行不同，故謂之五行。五行者，五官也。比相生而間相勝也。」又說：「東方者木，農之本，司農尙仁，進經術之士，道之以帝王之路，將順其美匡救其惡，執規而生……耕種五穀，積蓄有餘，家給人足，倉庫充實，司馬食穀。司馬，本朝也……司馬尙智，進賢聖之士，上知天文，其形兆未見……執規而長。至忠仁厚，附翼其君……官者司營，司營者，土也，故火生土。中央者，土，君官也，……執繩而制四方，……大理者，司徒也，司徒者金也，故曰土生金。西方者金，大理司徒也……事不逾，執權而伐，兵不苟克……執法者司寇也，司寇者水也，故金生水。北方者水，執法司寇也……執衡而藏……司農者，田官也，田官者木，故曰水生木。」……《春秋繁露·五行相生》又說：「木者春生之性，農之本也……火者夏成長，本朝也……土者夏中，成熟百種，君之官……金者秋，殺氣之始也……水者冬，藏至陰也。」《春秋繁露·五行相勝》亦說：「木者，司農也……火者，司馬也……土者，君之官也，其相司營……金者，司徒也……水者，司寇也。」……所謂「五官」，實爲古人以人文價值之視野，依據「五行」之生克機制，賦予「五行」的五種社會人文爵號。……《淮南子集釋》云：「補曰：《時則訓》云：『孟春與孟秋爲合，仲春與仲秋爲合，季春與季秋爲合，孟夏與孟冬爲合，仲夏與仲冬爲合，季夏與季冬爲合。』」此即「六府」。……案《淮南子·時則訓》又云：「孟春始贏，孟秋始縮；仲春始出，仲秋始內；季春大出，季秋大內；孟夏始緩，孟冬始急；仲夏至修，仲冬至短；季夏德畢，季冬刑畢。故正月失政，七月涼風不至；二月失政，八月雷不藏；三月失政，九月不下霜；四月失政，十月不凍；五月失政，十一月蟄蟲多出其鄉；六月失政，十二月草木不脫；七月失政，正月大寒不解；八月失政，二月雷不發；九月失政，三月春風不濟；十月失政，四月草木不實；十一月失政，五月下雹霜；十二月失政，六月五穀疾狂。」所謂「子午」、「丑未」等等，乃指一年十二月陰陽消長變化也。《京氏易傳·卷下》云：「陰從午，陽從子，子午分行，子左行，午右行，左右凶吉，凶吉之道，子午分時。」又說：「吉凶之義，始於五行，終於八卦，從無入有，見災於星辰也，從有入無，見象於陰陽也，陰陽之義，歲月分也。歲月既分，吉凶定矣，故曰『八卦成列，象在其中矣』。」其說亦合「六府」之旨。……筆者認爲，「六府」之說，正與《京氏易傳》中「六衝」說相合，我們知道，依《京氏易傳》，乾卦自初九爻至上九爻依次納「子」、

「寅」、「辰」、「午」、「申」、「戌」，而坤卦自初六爻至上六爻依次納「未」、「巳」、「卯」、「丑」、「亥」、「酉」，故「六府」之內容，正與乾坤兩卦中子午、丑未、寅申、卯酉、辰戌、巳亥相衝之說符合。……此「五正」即《鶡冠子》一書所云「五正」，即：神化、官治、教治、因治、事治。《鶡冠子‧度萬》：「龐子曰：敢問五正？鶡冠子曰：有神化，有官治，有教治，有因治，有事治。龐子曰：願聞其形。鶡冠子曰：神化者於未有，官治者道於本，教治者修諸己，因治者不變俗，事治者矯之於末。龐子曰：願聞其事。鶡冠子曰：神化者定天地，豫四時，拔陰陽，移寒暑，正流並生，萬物無害，萬類成全，名屍氣皇。官治者師陰陽，應將然，地寧天澄，眾美歸焉，名屍神明。教治者置四時，事功順道，名屍賢聖。因治者招賢聖而道心術，敬事生和，名屍後王。事治者招仁聖而道知焉，苟精牧神，分官成章，教苦利遠……而名屍公伯。」此「五正」說包含了天地、陰陽、四時、寒暑等內容，因而與「五官」「六府」說是相承的。

　　梁韋弦《釋帛書易傳〈要〉篇之「五官」「六府」》：從《要》篇本身來看，其所稱「五官」「六府」「五正」，講的都是君主政務之事。……《禮記‧曲禮》曰：「天子之五官，曰司徒，司馬，司空，司土，司寇。」《左傳‧昭公二十九年》云：「夫物，物有其官，官修其方，……故有五行之官，是謂五官。實列受氏姓，封為上公，祀為貴神。社稷五祀，是尊是奉。木正曰句芒，火正曰祝融，金正曰蓐收，水正曰玄冥，土正曰后土。」《左傳‧定公四年》云：「分唐叔以大路，密須之鼓，闕鞏，沽洗，懷姓九宗，職官五正。」杜注云：「五正，五官之長。」從以上經典所記來看，知「五官」即司徒、司馬、司空、司土、司寇，更早則即木正等五行之官。……《尚書‧大禹謨》載：「禹曰：於！帝念哉！德惟善政，政在養民。水、火、金、木、土，惟修；正德、利用、厚生，惟和。九功惟敘，九敘惟歌。戒之用休，董之用威，勸之以九歌俾勿壞。帝曰：俞！地平天成，六府三事允治，萬世永賴，時乃功。」《禹貢》云：「九州攸同，四隩既宅，九山刊旅，九川滌源，九澤既陂，四海會同。六府孔修，庶土交正，底慎財賦，咸則三壤成賦。」《左傳‧文公七年》記晉郤語曰：「《夏書》曰：戒之用休，董之用威，勸之以《九歌》，勿使壞。九功之德皆可歌也，謂之九歌。六府、三事，謂之九功。水、火、金、木、土、穀，謂之六府。正德、利用、厚生，謂之三事。」《禮記‧曲禮》曰：「天子之六府，曰司土，司木，司水，司草，司器，司貨，典司六職。」《大禹謨》

孔疏云:「府者,藏財之處,六者貨財所聚,故稱六府。」《周禮・春官・大司樂》鄭注云:「九德之歌,《春秋傳》所謂水、火、金、木、土、穀謂之六府,正德、利用、厚生謂之三事,六府三事謂之九功。」《曲禮》鄭注云:「府,主藏六物之稅者。」據上述經典所記與漢唐學者之注疏,知先秦經典所稱之「六府」爲國家主管財賦之部門。

郭沂《帛書〈要〉篇考釋》:有君道焉,五官六府不足盡稱之,五正之事不足以產之。「五官」即《禮記・曲禮下》所言:「天子之五官,曰司徒、司馬、司空、司士、司寇,典司五眾。」「六府」即《禮記・曲禮下》所言:「天子之六府,曰司土、司木、司水、司草、司器、司貨,典司六職。」「正」,長也。杜預《春秋經傳集解》卷一又卷二十七注曰:「五正,五官之長。」《易》還有爲君之道,但五官六府這些官職是不足以來完全指稱它的,五官之長的事務也不足以使它產生。

劉彬《帛書易傳〈要〉篇「五正」考釋》:《要》篇「五正」一詞,乃爲古代易學講君道的特定術語。其內容是帝王取度於身所建立的規矩繩權衡五種法度,與八卦中的某些卦、四時和五方等相配納,而形成的易學模式。此配納模式說明,君主布施規矩繩權衡五正,其旨在因順陰陽、諧和四時、理順五行,以達致天人祥和的理想政治境界。

【按】

「五正之事不足以」後一字殘,《池田 A》釋爲「董」,但認爲也許是別的字。《池田 B》同。《陳廖》、《廖 A》、《廖 B》、《廖 C》、《廖 D》諸本皆釋爲「至」。裘先生認爲此字似確是「產」字,但左側稍殘。

按此字殘損左邊,字形如下:

馬王堆簡帛「董」字形如下〔註16〕:

《要》篇的「至」字形如下:

〔註16〕陳松長撰《馬王堆簡帛文字編》,文物出版社,2001 年,第 555 頁。

至 至 至 至 至

《要》篇的「產」字形如下：

產 產 產

對比三組字形，此字顯然不爲「堇」。此字下部似有四橫，與「產」字形較接近，但「產」字四橫有一豎貫穿，此字看不出一豎，也可能寫時偏左，殘缺了。從此字上部筆劃看，也與「產」有明顯差別，似不能確定爲「產」字。總體上看，此字與「至」字形更爲接近，似釋爲「至」爲妥。

故釋文爲：

又君道焉，五官六府不足盡稱之，五正之事不足以至之。

「五正」一詞，眾說紛紜，筆者原認爲「五正」爲古代易學講君道的特定術語。其內容是帝王取度於身所建立的規矩繩權衡五種法度，與八卦中的某些卦、四時和五方等相配納，而形成的易學模式。現在看來是不正確的。「五正」即五政。「五正之事」，指君主依照四時陰陽之氣的消息盈虛、萬物生長收藏的變化以及五行生克關係而發佈施行的四時政事，其內容當如《管子・四時》所言：「春三月以甲乙之日（筆者按：甲乙爲木）發五政：一政日論幼孤，舍有罪。二政日賦爵列，授祿位。三政日凍解，脩溝瀆，復亡人。四政日端險阻，脩封疆，正千伯。五政日無殺麑夭，毋蹇華絕芊。……夏三月以丙丁之日（筆者按：丙丁爲火）發五政：一政日求有功，發勞力者而舉之。二政日開久墳，發故屋，闢故窌以假貸。三政日令禁扇去笠，毋扱免，除急漏田廬。四政日求有德，賜布施於民者而賞之。五政日令禁罝設禽獸，毋殺飛鳥。……秋三月以庚辛之日（筆者按：庚辛爲金）發五政：一政日禁博塞，圉小辯，闢譯踞。二政日毋見五兵之刃。三政日慎旅農，趣聚收。四政日補缺塞圻。五政日脩牆垣，周門閭。……冬三月以壬癸之日（筆者按：壬癸爲水）發五政：一政日論孤獨，卹長老。二政日善順陰，脩神祀，賦爵祿，授備位。三政日效會計，毋發山川之藏。四政日捕姦遁，得盜賊者有賞。五政日禁遷徙，止流民，圉分異。」

此句意爲：有君道，五官、六府不足以全部地稱述它，五正之事不足以窮盡它。

【釋文】

《陳廖》：而詩書禮樂不□百篇，難以致之。

《池田A》：而詩書禮樂不〔讀〕百扁，難以致之。

《池田B》：而詩書禮樂、不〔讀〕百扁、難以致之。

《廖A》：而詩書禮樂不□百扁，難以致之。

《廖B》：而詩書禮樂不□百扁，難以致之。

《廖C》：而詩書禮樂不□百扁，難以致之。

《廖D》：而詩書禮樂不□百扁，難以致之。

《裘文》：而詩書禮樂不□百扁難以致之

【彙校】

池田知久《馬王堆漢墓帛書〈要〉篇的研究》：「不」之下缺一字，補「讀」字。「過」和「至」「滿」「盈」等字補進去的可能性也不是沒有。但是，本書《要》篇第七章第十四行上曾說《尚書》是「雜」、是「多勿（物）」，再者，「詩書禮樂，不（讀）百扁，難以致之」，好像是與下文「能者繇一求之。所胃得一而君畢者，此之胃也」敘述相反對內容的句子，根據這些理由，抓住文理，試補「讀」字。

廖名春《帛書〈要〉簡說》：而《詩》、《書》、《禮》、《樂》不〔足〕百扁（篇），難以致之。

廖名春《帛書釋〈要〉》：「《詩》、《書》、《禮》、《樂》不□百扁（篇），難以致之」，「百扁」前所缺之字，疑當補「讀」或「繇（籀）」。

王博《〈要〉篇略論》：「不□百篇」，此中缺字可補「足」或「讀」字。似當以「足」字爲是。

李學勤《帛書〈要〉篇的〈損〉〈益〉說》：「詩書禮樂，不□百篇」，池田文引《墨子・貴義》：「昔者周公旦朝讀書百篇」，試補缺字爲「讀」，其說當是。

廖名春《帛書〈二三子〉〈要〉校釋五則》：「詩書禮樂不□百扁」，所缺之字應該補爲「止」。

裘錫圭《帛書〈要〉篇釋文校記》：「百」下一字，《陳廖》本誤釋爲「篇」，但此字一般認爲應讀爲「篇」。

郭沂《帛書〈要〉篇考釋》：廖名春初補釋為「不〔足〕百篇」，後改為「不〔止〕百篇」。……但是，這種補釋是否符合原文，還值得推敲。所謂「不止百篇」，甚為明瞭，乃百餘篇之義。它雖然是一個大概數目，但無論如何這個數目也不會達到二百篇。正如廖先生所說，《詩》、《書》、《禮》、《樂》卷帙繁多。其中僅《詩》就多達三百餘篇，有孔子本人的「《詩》三百」之語為證。當然，如果再加上其他三經的篇數，一定相當可觀，而與「百篇」之數，實在懸殊太大。因此，廖先生對《要》篇這句話的補釋是令人難以接受的。在我看來，池田知久「不〔讀〕百遍」的補釋是正確的。

【集釋】

池田知久《馬王堆漢墓帛書〈要〉篇的研究》：「詩書禮樂」，請參照本書《易之義》篇「……順成知，毋過數而務柔和。易曰，或從事，无成，又（有）冬（佟）。子曰，言詩書之胃（謂）也。君子笱（苟）得亓多，可必可盡也。」對「詩書」的「從事」，即使結局上不能完成，但如能完成所規定的內容的話，那麼亦可必可盡世界的諸事物和現象，像這樣的評價是相當高的（根據《荀子》的思想）。「而詩書禮樂」以下，可能不只是作為求「君道」，而且是作為求包括上文出現的「天道、地道、人道、四時之變、君道」共計五「道」的全部而言的。「扁」是「篇」的簡劃字或假借字。《墨子‧貴義》有「子墨子曰，昔者周公旦，朝讀書百篇，夕見漆（七）十士。」或者也許是「遍」的簡劃字或假借字。這種場合，請參照《魏志》董遇傳注所引《魏略》的「人有從學者，遇不肯教，而云必當先讀百徧。言讀書百徧，其義自見。」這部分的「詩書禮樂」與「易」的關係，達到後來《漢書‧藝文志》整理的「六藝之文，樂以和神，……詩以正言，……禮以明體，……書以廣聽，……春秋以斷事，……五者，蓋五常之道，相須而備，而易為之原」，而它本身令人好像感到是其中的一個里程碑。

廖名春《帛書釋〈要〉》：致應訓達。篇，當通遍。《三國志‧魏志‧董遇傳》注引《魏略》曰：「人有從學者，遇不肯教，而云必當先讀百徧，言讀書百徧，其義自見。」董遇為漢末著名易學家，其以「讀書百徧，其義自見」教人，或有所本，也許即從《要》篇所載此語中反推而出。帛書上云「《尚書》多令」，正因「多令」，所以，不讀白遍，其義難見，「君道」難以致之。

鄧立光《從帛書〈易傳〉看孔子之〈易〉教及其象數》：現實之政治架構

既未能全盡反映君道，而文獻如《詩》、《書》、《禮》、《樂》不及百篇，亦難於其中搜尋爲君之道。

廖名春《帛書〈二三子〉〈要〉校釋五則》：「詩書禮樂不□百扁」，所缺之字應該補爲「止」，「扁」還是當讀爲「篇」。……在孔子看來，《詩》、《書》、《禮》、《樂》，卷帙繁多，不止百篇之數，從中獲取「天道」、「地道」、「四時之變」和「人道」、「君道」，不是容易之事，所以說「難以致之」。而《周易》有「陰陽」、「柔剛」以見天地之道，有「八卦」以見「四時之變」，有「上下」以見「人道」、「君道」，《詩》、《書》、《禮》、《樂》的精華都濃縮在《周易》的損益之道里。所以「繇一求之」、「得一而君（群）畢」，從《周易》的損益之道里可以盡得《詩》、《書》、《禮》、《樂》之精義，不必皓首窮經，把精力耗費在卷帙繁多的《詩》、《書》、《禮》、《樂》繁文末節上。

郭沂《帛書〈要〉篇考釋》：不難看出，在「有君道焉，五官六府不足盡稱之，五正之事不足以產之，而《詩》、《書》、《禮》、《樂》不〔讀〕百遍，難以致之」一語中，「稱之」、「產之」和「致之」是相互對應的，其中的「之」顯然爲同一物，乃指《易》之「君道」。這句話的意思是說，「《易》之爲書」，「有君道焉」，但其「君道」非常高深，「五官六府」這些官職是不足以來完全指稱它的，「五正之事」也不足以使它產生，而人們對《詩》、《書》、《禮》、《樂》如果不讀百遍，就難以瞭解它，獲得它。「致」，得也，相當於《論語·子張》「君子學以致其道」中的「致」，故其主語只能是人，在這裡是讀《詩》、《書》、《禮》、《樂》的人。……而《詩》、《書》、《禮》、《樂》這些經典不讀上百遍也難以領悟它、得到它。

【按】

「而詩書禮樂不」後有一缺文。對此缺文補法，以及此句讀法，學者分歧較大，約有四說：

一，廖名春先生最初將缺文補爲「足」，「扁」讀爲「篇」，將此句讀爲：而《詩》、《書》、《禮》、《樂》不〔足〕百扁（篇），難以致之。後鄧立光先生讀爲「不及百篇」，王博先生補缺文爲「足」，與廖先生同。

二，池田先生補缺文爲「讀」，「扁」讀爲「篇」，將此句讀爲：而《詩》《書》《禮》《樂》不〔讀〕百扁（篇），難以致之。李學勤先生贊成此種讀法。

三，池田先生又提出一種說法，仍補缺文爲「讀」，但讀「扁」爲「遍」，

將此句讀爲：而《詩》《書》《禮》《樂》不〔讀〕百扁（遍），難以致之。廖名春先生後將缺文補爲「讀」或「繇（籀）」，讀「扁」爲「遍」，與池田先生同。池田先生這種讀法，後郭沂先生從之。

四，廖名春先生後又補缺文爲「止」，讀「扁」爲「篇」，將此句讀爲：而《詩》、《書》、《禮》、《樂》不〔止〕百扁（篇），難以致之。

筆者認爲，由上下文意考之，第二種讀法最爲可取，同時參考第三種廖先生意見，缺文可補爲「繇（籀）」，「扁」讀爲「篇」。

故釋文爲：

而《詩》《書》《禮》、《樂》不〔繇〕百扁（篇），難以致之。

「以」用法同於，「難以」即難於。「致」爲窮盡。《國語·吳語》「飲食不致味，聽樂不盡音」，韋昭注：「致，極也。」「難以致之」，即難以極之。「致」與上文「五官六府不足盡稱之」之「盡」互文義近。

此句意爲：而《詩》、《書》、《禮》、《樂》不讀百篇，難於窮盡君道。

【釋文】

《陳廖》：不問於古法，不可順以辭令，不可求以志善。

《池田 A》：不問於古法，不可順以辭令，不可求以志善。

《池田 B》：不問於古法、不可順以辭令、不可求以志善。

《廖 A》：不問於古法，不可順㉂以辭令，不可求以志善。

《廖 B》：不問於古法，不可順㉂以辭令，不可求以志善。

《廖 C》：不問於古法，不可順以辤令，不可求以志善。

《廖 D》：不問於古法，不可順以辤令，不可求以志善。

《裘文》：不問於古法不可順以辤令不可求以志善

【彙校】

廖名春《帛書釋〈要〉》：「順」字後原有「令」字，係涉下文「辭令」而誤，抄手發現後，將其圈掉，補上一小「以」字。這也是帛書系抄本而非祖本之證。

【集釋】

池田知久《馬王堆漢墓帛書〈要〉篇的研究》:「古法」,可能是指包含於《易》中的「古老」的規範、知識、方法等,在這裡好像意味著《易》的儒教化的倫理的政治的解釋。與本書《要》篇第七章第十四行上的「古之遺言」意思大體相同。參照《漢書・儒林傳》「蜀人趙賓好小數書,後為易,飾易文。以為箕子明夷,陰陽氣亡箕子。箕子者,萬物方荄茲也。賓持論巧慧,易家不能難,皆曰,非古法也。」「順以辭令」,《禮記・冠義》有「順辭令」這樣的句子,兩者意思差不多一樣。

廖名春《帛書釋〈要〉》:「不問於古法」,古法即上文「古之遺言」,上云《周易》中有周文王事紂的智慧,就是其內容。「不順以辭令,不可求以志善」,這也是孔子「樂其辭」的一個原因,與「正名」說也有內在的聯繫。

鄧立光《從帛書〈易傳〉看孔子之〈易〉教及其象數》:「問於古法」蓋言用《易》之古法。

趙建偉《出土簡帛周易疏證》:「順」,教訓。「辭令」,政教法令。「志」,擬定的、理想的。

郭沂《帛書〈要〉篇考釋》:「問」,考察、探究。「古法」,當指上文所述「易道」以及《易》之「天道」、「地道」、「人道」、「四時之變」、「君道」等。不去考察上述這些古代法理,就不能使辭令順達,也不可以追求志善。

李學勤《帛書〈要〉篇的〈損〉〈益〉說》:「問」讀為「聞」。「順以辭令」、「求以志善」的「以」,用法同「於」。《禮記・冠義》:「禮義之始,在於正容體,齊顏色,順辭令。」

【按】

《廖 A》、《廖 B》在「順」後有「㪟」,其餘諸本無。廖先生說明此字乃抄手誤書,這也是帛書係抄本而非祖本之證。從照片看,確實如此。這說明帛書《易傳》是抄本無疑。

釋文為:

不問於古法,不可順以辭令,不可求以志善。

「問」為考察。《詩・小雅・節南山》「弗問弗仕,勿罔君子」,鄭玄箋:「不問而察之,則下民未罔其上矣。」「古法」,《池田 A》:「可能是指包含於

《易》中的『古老』的規範、知識、方法等，在這裡好像意味著《易》的儒教化的倫理的政治的解釋。」並引《漢書‧儒林傳》：「蜀人趙賓好小數書，後爲《易》，飾《易》文。以爲箕子明夷，陰陽氣亡箕子。箕子者，萬物方荄茲也。賓持論巧慧，易家不能難，皆曰：非古法也。」廖名春先生認爲即上文「古之遺言」，其中有周文王事紂的智慧，鄧立光先生認爲是用《易》之古法，皆認爲與《易》有關，其說當是。筆者認爲此處具體涵義似指《損》《益》之卦爲覆的關係等《易》之古義。「順以辯令」之「以」，李學勤先生認爲其用法同「於」，其說當是。「志」爲意。《說文‧心部》：「志，意也。」「志善」即意善。《論衡‧定賢篇》：「志善不效成功，義至不謀就事。」《玉海》卷四十引《鹽鐵論》曰：「《春秋》之治獄，論心定罪：志善而違於法者，免；志惡而合於法者，誅。」「志善」猶今言動機善。

此句意爲：不考察《易》之古法，不可使辭令順達，不可探求志善。

【釋文】

《陳廖》：能者繇（由）一求之，所謂二十三行得一而君（群）畢者，
　　　　此之謂也。

《池田 A》：能者繇一求之，所胃第二十三行得一而君畢者，此之胃也。

《池田 B》：能者繇一求之。所胃第二十三行得一而君畢者、此之胃也。

《廖 A》：能耂繇一求之，所胃 23 行得一而君畢耂，此之胃也。

《廖 B》：能耂繇一求之，所胃 23 行得一而君畢耂，此之胃也。

《廖 C》：能耂繇一求之，所胃 23 行得一而君畢耂，此之胃也。

《廖 D》：能耂繇一求之，所胃二十三行得一而君畢耂，此之胃也。

【集釋】

池田知久《馬王堆漢墓帛書〈要〉篇的研究》：「能者」可能是指能《易》者，特別是能「古法」者。「繇」是《廣韻》「繇，卦兆辭也」之意。「一」，先秦時代主要是道家使用的概念，指根源性的唯一絕對的「道」。作者認爲它存在於《易》中。《老子》第四十二章有「道生一，一生二，二生三，三生萬物。」受道家「一」的影響的《呂氏春秋‧論人篇》有「故知知一，則應物

變化，闊大宏深，不可測也。」同樣參照《管子‧心術下篇》的「極變者，所以應物也。……極變而不煩，執一之君子。執一而不失，能君萬物。日月之與同光，天地之與同理。聖人裁物，不為物使。」「能者繇一求之」，是與上文「詩書禮樂、不〔讀〕百扁、難以致之」正相反的求「道」方法。「得一」出自《老子》第三十九章，是把握根源性的唯一絕對的「道」之意。「君」是「群」的簡劃字或假借字，是「一」的反義詞。「君（群）畢」，是指對根源性的「一」以外的眾多東西，要像用網來覆蓋它一樣來把握它，……請參照《莊子》天地篇「記曰，通於一而萬事畢，無心得而鬼神服。」《莊子》天下篇「寂寞無形，變化無常。……萬物畢羅，莫足以歸。」《呂氏春秋》執一篇「王者執一，而為萬物正。」

廖名春《帛書釋〈要〉》：繇，通由。由一求之，即由《周易》的《損》、《益》之道推求。得一而君（群）畢，即掌握《損》、《益》之道，就可以把握為君之道的全部內容，就可以瞭解天道、地道、人道和四時之變的規律。

趙建偉《出土簡帛周易疏證》：「一」指易道。「群畢」謂萬事都可得到治理。「得一群畢」的說法屢見於《黃帝四經》、《管子》，只不過它們的「一」是指「道」，具體說是指道法、精氣。

郭沂《帛書〈要〉篇考釋》：「一」，指「易道」，在這裡具體指損益之道。由於「易道」是萬事萬物的高度概括，所以有能力的人便可以由「易道」去掌握萬事萬理，此謂「得一而群畢」。……有能力的人由「一」即「易道」來去探求。所謂「得一而群畢」，即得到了「易道」便可掌握萬事萬理，就是說的這個道理。

【按】

「能」和「畢」後一字釋「老」，符合帛書原貌。「能老」後一字釋「繇」，符合帛書原貌。

故釋文為：

能老繇一求之，所胃得一而君畢老，此之胃也。

「繇（由）一求之」的「一」，池田先生認為是道家的「道」，廖名春先生認為是《損》《益》之道，趙建偉先生認為是「易道」，郭沂先生認為是「易道」，具體指《損》《益》之道。筆者認為，此「一」即「孔子籀《易》至於

《損》《益》一卦」的「一」，指「《損》《益》一卦」。「能者由一求之」的「之」指君道。「能者由一求之」意爲：有才能的人由《損》《益》一卦（而不用通過「五官六府」、「五正之事」以及《詩》、《書》、《禮》、《樂》之百篇）就能探求到君道。「得一而群畢」爲古習語。《莊子·天下》：「記曰：通於一而萬事畢，無心得而鬼神服。」郭象注：「記，書名也，云老子所作。」宋林希逸《莊子口義》卷四：「記曰者，猶傳有之也。此語上世所傳，故莊子舉以自證。」畢，盡、終之義。《廣雅·釋詁三》：「畢，竟也。」《集韻·質韻》：「畢，終也。」「得一而群畢」意爲：得到一就能完全把握眾多。

此句意爲：有才能的人由《損》《益》一卦就可探求君道，所謂「得一而群畢」的習語，就是說的這個意思。

【釋文】

《陳廖》：損益之道，足以觀得失矣。　　《要》千六百卌八二十四行

《池田 A》：損益之道，足以觀得失矣。　　千六百卌八第二十四行

《池田 B》：損益之道、足以觀得失矣。　　要千六百卌八第二十四行

《廖 A》：損益之道，足以觀得失矣。　　要　千六百卌八 24 行

《廖 B》：損益之道，足以觀得失矣。　　要　千六百卌八二十四行

《廖 C》：損益之道，足以觀得失矣。　　要　千六百卌八 24 行

《廖 D》：損益之道，足以觀得失矣。　　要　千六百卌八二十四行

《裘文》：損益之道足以觀得失矣　要千六百卌八

【集釋】

池田知久《馬王堆漢墓帛書〈要〉篇的研究》：「得失」，通行本《易經》繫辭上傳第二章有「是故吉凶者，失得之象也。」第三章有「吉凶者，言乎其失得也。」因此，與「吉凶」大體同義。這樣的話，「損益之道，足以觀得失矣」一句，可以說是與上文第十九行上的「夫損益之道，不可不審察也。吉凶之[門]也」是相呼應的。

郭沂《帛書〈要〉篇考釋》：從損益之道，足以觀察得失了。

【按】

《池田 B》釋「耍」誤，應從其餘諸本釋「要」。

故釋文為：

《損》《益》之道，足以觀得失矣。　要　千六百卅八二十四行

「得失」即吉凶，《繫辭上》：「是故吉凶者，失得之象也……吉凶者，言乎其失得也。」從《損》《益》之卦覆的關係，可觀察、瞭解吉凶、得失、禍福互相包含而又相互變化的道理，正與上文「夫《損》《益》之道，不可不審察也，吉凶之[門]也」，以及《淮南子‧人間訓》「《益》《損》者，其王者之事與？事或欲以利之，適足以害之；或欲害之，乃反以利之。利害之反，禍福之門戶，不可不察也」相通一致。

二、帛書《要》篇「五正」考釋

1、學者對《要》篇「五正」的研究

在馬王堆帛書易傳的《要》篇中，有完整的一段話，是孔子在講完《易》有天道、地道、人道和四時之變後，又講《易》有君道，其曰：

> 故胃之《易》又君道焉，五官六府不足盡稱之，五正之事不足以至之。而《詩》《書》《禮》《樂》不□百扁，難以致之。不問於古法，不可順以辭令，不可求以志善。能者繇一求之，所胃得一而君畢者，此之胃也。〔註1〕

這段話中講到「五官」「六府」以及「五正」等術語，其涵義爲何，引起學界熱烈的討論，已經發表了很多有關論文，這裡只討論「五正」問題。一些專家學者對「五正」已經提出重要的觀點，如：

日本學者池田知久先生認爲：「『五正』，《管子・禁藏》有『發五正』，尹知章注曰：『正，五官正也。』」〔註2〕

按《管子・禁藏》：「當春三月，萩室熯造，鑽燧易火，杼井易水，所以去茲毒也。舉春祭塞久禱，以魚爲牲，以蘗爲酒相召，所以屬親戚也。毋殺畜生，毋拊卵，毋伐木，毋夭英，毋拊竿，所息百長也。賜鰥寡，振孤獨，貸無種，與無賦，所以勸弱民。發五正，（尹知章注曰：正，五官正也。）赦

〔註1〕 廖名春《馬王堆帛書周易經傳釋文》，楊世文、李勇先、吳雨時編《易學集成》（三），四川大學出版社，1998 年，第 3045 頁。

〔註2〕 池田知久《〈馬王堆漢墓帛書周易〉要篇之研究》，東京大學《東洋文化研究所紀要》第百二十三册，1994 年 2 月。

薄罪，出拘民，解仇讎，所以建時功，施生穀也。（尹知章注：凡此皆春令。）」從這段話的具體語境看，「五正」爲春天所應施行的五種政令，「五正」即「五政」。此「五正（政）」的具體內容，在《管子·四時》篇中有明確的說明：「春三月以甲乙之日發五政：一政曰論幼孤，舍有罪。二政曰賦爵列，授祿位。三政曰凍解，修溝瀆，覆亡人。四政曰端險阻，修封疆，正千伯。五政曰無殺麑夭，毋蹇華絕芊。」因此，尹知章把此處的「五正」解爲「五官正」是不正確的。池田先生把《要》篇的「五正」解爲「五官正」，而何爲「五官正」？池田先生沒有明確說明，我們無法清楚地瞭解。

廖名春先生認爲：「『五正』又見於帛書《十大·五正》、楚帛書《天象》、《鶡冠子·度萬》、《管子·禁藏》等。帛書《十大·五正》的本義李學勤先生認爲當爲君主自身與四方的正，而《鶡冠子·度萬》『有神化，有官治，有教治，有因治，有事治』，則是對『五正』的發揮，是『五正』的不同層次。比較而言，帛書此處的『五正』，含義應與《十大·五正》之說最近。」〔註3〕

廖先生提到了李學勤先生，爲此我們需要先來瞭解一下李先生的觀點。馬王堆帛書《黃帝書》的《經·五正》（即《十大·五正》，此從李學勤先生讀）曰：「黃帝問閹冉曰：吾欲布施五正，焉止焉始？對曰：始在於身，中有正度，後及外人。外內交接，乃正於事之所成。……後中實而外正，何[患]不定？左執規，右執矩，何患天下？男女畢同，何患於國？五正既布，以司五明；左右執規，以待逆兵。」長沙子彈庫出土的楚帛書屬於陰陽數術家言，其《天象》篇曰：「日月既亂，歲月乃□，時雨進退，亡有常恒。……三恒發（廢），四興鼠，以□天常。群神五正，四興堯（饒）祥，建恒懌民，五正乃明。」《鶡冠子·度萬》曰：「天地陰陽，取稽於身，故布五正，以司五明。十變九道，稽從身始。五音六律，稽從身出。」李學勤先生認爲，這三處所講的「五正」涵義一樣，「由《五正》本文推繹，所謂『中有正度』等語，或許只是講自君主本身之正推至外人之正、萬事之正，所以『五正』的本義當爲己身與四方的正。」而《鶡冠子·度萬》對「五正」內容的說明「有神化，有官治，有教治，有因治，有事治」，李學勤先生認爲是對「五正」本義的發揮，是講「五正」的不同層次。〔註4〕

〔註3〕 廖名春《帛書釋〈要〉》，《中國文化》第十期，1994年8月。

〔註4〕 李學勤《〈鶡冠子〉與兩種帛書》，《道家文化研究》第一輯，上海古籍出版社，1992年。

　　李先生對這三書（帛書《黃帝書・經・五正》、楚帛書《天象》、《鶡冠子・度萬》）「五正」的解釋，有兩點值得注意：其一，他抓住「始在於身，中有正度」「後中實而外正」「取稽於身」等關鍵字語，來探求「五正」的本義。其二，他認爲「五正」不是一般術語，而是特定術語，其涵義與古代數術有關。這些對我們研究《要》篇的「五正」，在思路上有很大的啓發。

　　廖名春先生接受李先生對上述三書（帛書《黃帝書・經・五正》、楚帛書《天象》、《鶡冠子・度萬》）「五正」的解釋，認爲帛書《要》篇的「五正」應該是指己身與四方的正。

　　但李學勤先生自己認爲，帛書《要》篇的「五正」與上述三書的「五正」涵義不同：「此處的意義近於《管子・四時》（作『五政』）和《禁藏》，泛指各種政令。」〔註5〕可以看出，李先生在此處，把出現在易學書籍的「五正」當成一般術語，認爲就是一般含義上所說的各種政令。

　　劉大鈞先生認爲：「此『五正』即《鶡冠子》一書所云『五正』，即：神化、官治、教治、因治、事治。《鶡冠子・度萬》：『龐子曰：敢問五正？鶡冠子曰：有神化，有官治，有教治，有因治，有事治。龐子曰：願聞其形。鶡冠子曰：神化者於未有，官治者道於本，教治者修諸己，因治者不變俗，事治者矯之於末。龐子曰：願聞其事。鶡冠子曰：神化者定天地，豫四時，拔陰陽，移寒暑，正流並生，萬物無害，萬類成全，名屍氣皇。官治者師陰陽，應將然，地寧天澄，眾美歸焉，名屍神明。教治者置四時，事功順道，名屍賢聖。因治者招賢聖而道心術，敬事生和，名屍後王。事治者招仁聖而道知焉，苟精牧神，分官成章，教苦利遠……而名屍公伯。』此『五正』說包含了天地、陰陽、四時、寒暑等內容，因而與『五官』『六府』說是相承的。」〔註6〕

　　仔細考察《鶡冠子・度萬》的全文，其前後兩次所說的「五正」涵義不同，鶡冠子對「五正」的具體解釋——神化、官治、教治、因治、事治，應該是對其本義的發揮。而《要》篇的「五正」，不應該是其發揮義。但劉先生作出此結論，是基於這樣一個前提和理路：《要》篇所講的「五正」以及「五官」「六府」等屬於《周易》「古義」，是古代易學的專門術語，有特定的易學

〔註5〕　李學勤《帛書〈要〉篇的〈損〉〈益〉說》，《出土文獻研究》第 3 集，1998年。

〔註6〕　劉大鈞《周易古義考》，《中國社會科學》2002 年第 5 期，第 146 頁。

涵義。〔註7〕劉先生這一思路，應引起我們充分注意。

梁韋弦先生認為：「從《要》篇本身來看，其所稱『五官』『六府』『五正』，講的都是君主政務之事。」「從行文上看，『五官』之『官』、『六府』之『府』、『五正』之『正』，當皆部門或官職稱謂。」「從字義上說，《要》篇『五正』之『正』，當即《周禮・天官》所言『宮正』『酒正』之『正』。《天官・冢宰》曰：『掌百官府之征令，辨其八職：一曰正，掌官法以治要』，『五曰府，掌官契以治藏』。可見，『正』與『府』皆政務機構或職務之類。」「《禮記・曲禮》曰：『天子之五官，曰司徒，司馬，司空，司土，司寇。』《左傳・昭公二十九年》云：『夫物，物有其官，官修其方，……故有五行之官，是謂五官。實列受氏姓，封為上公，祀為貴神。社稷五祀，是尊是奉。木正曰句芒，火正曰祝融，金正曰蓐收，水正曰玄冥，土正曰后土。』《左傳・定公四年》云：『分唐叔以大路，密須之鼓，闕鞏，沽洗，懷姓九宗，職官五正。』杜注云：『五正，五官之長。』從以上經典所記來看，知『五官』即司徒、司馬、司空、司土、司寇，更早則即木正等五行之官。五正，即五官之長。」〔註8〕

梁先生認為《要》篇「五正」與君主政務有關，是有道理的。另外，梁先生所引《左傳・昭公二十九年》的那段言論，對我們的研究也很有啟發。這段話，乃魯昭公二十九年晉國太史蔡墨談論古事時所說。蔡墨談到古代有五行之官，謂之五官，具體有木正、火正、金正、水正、土正。由此可推知，五官也即五正。值得我們注意的是，此五正（也即五官）已和古代數術的五行結合起來，已具有古代數術文化的意義。

但梁先生關於《要》篇「五正」的觀點是有問題的。其一，梁先生的觀點模糊不清。梁先生認為「五正」之「正」是部門或官職稱謂，或政務機構或職務之類的意思。那麼，「五正」即五個部門，或五個政務機構，或五種官職，或五種職務。又認為，「五官」「更早則即木正等五行之官」。顯然，梁先生認為「五正」即「五官」。同時，他又認為「五正」同於《左傳・定公四年》所言的「五正」，其意乃杜注「五官之長」。那麼，「五正」到底是「五官」，還是「五官之長」？梁先生的表達是不明確的。

〔註7〕 劉大鈞《周易古義考》，《中國社會科學》2002 年第 5 期，第 146 頁。
〔註8〕 梁韋弦《釋帛書易傳〈要〉篇之「六府」「五正」》，《古籍整理研究學刊》2003 年第 3 期，第 34，35 頁。

　　其二，即使我們認定《要》篇「五正」爲「五官之長」，也是不成立的。關於「五官之長」，梁先生沒有明確說明，我們不清楚。若按《左傳·定公四年》「職官五正」孔穎達之疏：「杜云五官之長，則謂五官之長子孫耳。」則《要》篇「五正」含義爲五官之長子孫，那麼《要》篇所言「五正之事不足以至之」，會很難理解。另外，《禮記·曲禮下》講到「五官」「六府」，然後說：「五官之長曰伯。」鄭注：「謂爲三公者，《周禮》『九命作伯』。」則「五官之長」爲「三公」，怎麼會是「五正」呢？

　　郭沂先生認爲：「『正』，長也。杜預《春秋經傳集解》卷一又卷二十七注曰：『五正，五官之長。』」〔註9〕按郭沂先生的看法與梁韋弦先生的觀點有類似處，也沒有明確說明「五官之長」爲何意，我們仍然不能瞭解「五正」的含義。

　　總之，通過考察學者專家對《要》篇「五正」的研究，筆者認爲：

　　第一，學者專家的研究已經奠定很好的基礎，已經開闢出有效的研究路徑。從文獻和思想史的意義上，學者指出，《要》篇「五正」的涵義與帛書《黃帝書·經·五正》、楚帛書《天象》、《鶡冠子·度萬》等文中的「五正」有密切關係，這爲我們研究《要》篇的「五正」提供了更廣闊也更具體的思想背景和學術境域。從研究思路上，學者採用了兩條路徑，一是把《要》篇的「五正」理解爲一般術語，在古代學術一般意義上去探求其涵義；一是把《要》篇的「五正」理解爲特定術語，在古代易學的意義上去尋求其特定涵義。這兩種研究思路，對我們的研究具有重要的借鑒意義。

　　第二，《要》篇「五正」涵義的問題還沒有得到解決。一些學者對《要》篇「五正」的解釋，其含義還不夠清晰。將諸家對「五正」的解釋置於原文中，反覆研讀，總感到和具體語境不相契合。因此對《要》篇「五正」有必要繼續探討。

　　是故，本人擬在前賢研究基礎上，對《要》篇「五正」問題作一探索，敬請學界指正。

2、「五正」的基本含義

　　直接從《要》篇本身看，「五正」的具體涵義難以尋求，我們必須借助與

_____

〔註9〕　郭沂《帛書〈要〉篇考釋》，《周易研究》2004 年第 4 期，第 36 頁。

《要》篇有相同或相近思想文化背景的其他文獻。正像學者指出，對《要》篇「五正」的研究應該與帛書《黃帝書·經·五正》和《鶡冠子·度萬》等文中的「五正」聯繫起來。《黃帝書·經·五正》和《要》篇同出土於馬王堆3號漢墓，有相同的思想文化背景，二書所說的「五正」在涵義上應更爲接近。《鶡冠子》和《黃帝書》在學術上有淵源關係，《鶡冠子》的一些內容由《黃帝書》衍化而來，二者在思想上密切相關。〔註10〕三書的有關內容正可相互比照研究。

首先，我們從《鶡冠子》和《黃帝書》以及其他文獻來研究「五正」的基本含義。

先看《鶡冠子》。在《鶡冠子·度萬》中，鶡冠子講到「五正」說：

天地陰陽，取稽於身，故布五正，以司五明。十變九道，稽從身始。

五音六律，稽從身出。五五二十五，以理天下。六六三十六，以爲歲式。

按稽借爲楷，指法式、法度、準則。《老子》第六十五章：「故以智治國，國之賊；不以智治國，國之福。知此兩者亦稽式。」陸德明《釋文》：「稽式，嚴、河上作楷式。」《廣雅·釋詁一》：「楷，法也。」《玉篇》：「楷，式也。」「取稽於身」，即取度於身。「稽從身始」，即度從身始。「稽從身出」，即度從身出。從鶡冠子所講「布五正」要「取稽於身」，可知「五正」之事與取度於身密切有關，這是「五正」的一個重要特點。

《鶡冠子·度萬》上面這幾句話乃本於《黃帝書·經·五正》。〔註11〕《黃帝書·經·五正》：

黃帝問閹冉曰：吾欲布施五正，焉止焉始？

對曰：始在於身，中有正度，後及外人。外內交接，乃正於事之所成。

黃帝曰：吾既正既靜，吾國家愈不定，若何？

〔註10〕 學者通過對《黃帝書》和《鶡冠子》有許多相似或相同文句、語詞的比較，發現《鶡冠子》的一些內容是由《黃帝書》衍化而來的，《鶡冠子》的成書晚於《黃帝書》。見李學勤《〈鶡冠子〉與兩種帛書》，《道家文化研究》第一輯，上海古籍出版社，1992年。孫福喜《〈鶡冠子〉研究》，陝西人民出版社，2002年，197～202頁。

〔註11〕 李學勤《〈鶡冠子〉與兩種帛書》，《道家文化研究》第一輯，上海古籍出版社，1992年。

> 對曰：後中實而外正，何[患]不定？左執規，右執矩，何患天下？
> 男女畢同，何患於國？五正既布，以司五明；左右執規，以待逆
> 兵。

從黃帝與闔冉關於「布施五正」的這段談話，可看到「五正」的兩個特點：其一，布施五正「始在於身，中有正度」，這與鶡冠子所說的「取稽於身」完全相同，強調的是取法度於身。其二，所謂「左執規，右執矩」，說明「五正」取於身的法度，與規、矩等有關。

鑒於上述特點，魏啓鵬先生於「五正」提出了一種很有啓發性的見解。他認爲：所謂「始在於身，中有正度」「取稽於身」，指以自身的部位、體位標識和考定外在事物的度數，換言之，以自己身體爲度量的標準，即「以身爲法度」。「五正」的具體內容是指規、矩、繩、權、衡的五政或曰五法，這是淵源頗爲久遠的黃帝五法。此黃帝五法的古義，還保留在《禮記》所記的古代深衣制度中。《禮記·深衣》：「古者深衣蓋有制度，以應規、矩、繩、權、衡。……制十有二幅，以應十有二月。袂圜以應規，曲袷（鄭注：交領也）如矩以應方，負繩及踝以應直（鄭注：繩謂裻，與後幅相當之縫也。踝，跟也），下齊如權衡以應平。故規者，行舉手以爲容。負繩抱方者，以直其政，方其義也。故《易》曰：『坤六二而動，直以方也。』下齊如權衡者，以安志而平心也。五法已施，故聖人服之。故規矩取其無私，繩取其直，權衡取其平，故先王貴之。故可以爲文，可以爲武，可以擯相，可以治軍旅。完且弗費，善衣之次也。」司馬遷《素王妙論》稱「黃帝設五法，布之天下，用之無窮」，即《禮記·深衣》所述「五法已施，故聖人服之」。〔註 12〕應該說，魏先生對「五正」的分析更爲深入，可能更能掘發「五正」的本義。

由魏先生的研究可知，「五正」爲古人政治思想的術語，屬於古代帝王的治天下之道，即君道。「五正」之說的基本含義是君主取度於身，以身爲法度，從而建立起法度，以有效治理天下。其法度的基本內容是規、矩、繩、權、衡，以規矩明方圓，以繩明曲直，以權衡明輕重。此即《鶡冠子·度萬》和《黃帝書·經·五正》所言古代君主的「布五正，以司五明」，也即《要》篇所言「五正之事」。此君道觀念，在《黃帝書·經·道法》和《申子》中也有

〔註12〕魏啓鵬《帛書黃帝五正考釋》，饒宗頤主編《華學》第三輯，紫禁城出版社，1998 年 11 月。氏著《馬王堆漢墓帛書〈黃帝書〉箋證》，中華書局，2004 年，第 338，339，117 頁。

明確的表達。《黃帝書・經・道法》曰：「稱以權衡，參以天當，天下有事，必有巧（考）驗。事如直木，多如倉粟，斗石已具，尺寸已陳，則無所逃其神。故曰：度量已具，則治而制之矣。」《申子》曰：「君必有明法正義，若懸權衡以稱輕重，所以一群臣也。」〔註13〕

3、《要》篇「五正」的易學涵義

以上所考乃「五正」的基本含義。而《要》篇作爲古代易學文獻，其中的「五正」一詞是否有其特定的古代易學內涵呢？更具體地說，《要》篇「五正」，是否包含規、矩、繩、權、衡與卦爻配納等內容呢？

考諸文獻，可發現在古代易學中，確有規、矩、繩、權、衡與卦爻相配的「五正」之說。

西漢宣帝時，丞相魏相「表採（顏師古注：表謂標明之。採，撮取也）《易陰陽》」，給宣帝上奏疏，其中講到《易》，其曰：

> 臣聞《易》曰：「天地以順動，故日月不過，四時不忒。聖王以順動，故刑罰清而民服。」天地變化，必繇陰陽，陰陽之分，以日爲紀。日冬夏至，則八風之序立，萬物之性成，各有常職，不得相干。東方之神太昊，乘震執規司春。南方之神炎帝，乘離執衡司夏。西方之神少昊，乘兌執矩司秋。北方之神顓頊，乘坎執權司冬。中央之神黃帝，乘坤、艮執繩司下土。茲五帝所司，各有時也。……明王謹於尊天，慎於養人。故立羲和之官以乘四時，節授民事。君動靜以道，奉順陰陽，則日月光明，風雨時節，寒暑調和。三者得敘，則災害不生，五穀熟，絲麻遂，草木茂，鳥獸蕃，民不夭疾，衣食有餘。

魏相這裡實際上講了一套象數義理合一的易學模型系統。這套系統表達的是古人關於君主治理天下的理想觀念，即君道。這套易學模型系統的內容，是將五帝與六卦、規矩繩權衡、五方、四時相配，可圖示如下：

〔註13〕《藝文類聚》卷五十四引《申子》。

炎帝

離、衡

南、夏

太昊　　　　　　黃帝　　　　　　少昊

震、規　　　　　坤、艮、繩　　　兌、矩

東、春　　　　　中央　　　　　　西、秋

顓頊

坎、權

北、冬

值得注意的是，該系統將規、矩、繩、權、衡納入，以規配震，以矩配兌，以衡配離，以權配坎，以繩配坤、艮，是以規矩權衡配四正卦，以繩居中央土配坤艮，說明易學中確有「五正」之說。

此易學「五正」之說非魏相首創，乃有所本。《漢書·魏相傳》記其「少學《易》」「有師法」，說明魏相此說乃承於前。而魏相「表採《易陰陽》」，正明確說明易學「五正」之說當有較古的來源。

《史記·龜策列傳》記宋元王二年（前 530 年），衛平爲宋元王占夢，用式占之術，其曰：

> 衛平乃援式而起，仰天而觀月之光，觀斗所指，定日處鄉，規矩爲
>
> 輔，副以權衡，四維已定，八卦相望。

張文虎注曰：「援式而起，謂地盤也。仰天而視日之光者，定時也。觀斗所指者，正月令也。定日處鄉者，正日躔也。規矩權衡四維八卦者，左規右矩，前衡後權，謂天盤所加十二辰之位也。」〔註14〕錢大昕注曰：「規矩權衡，謂坎離震兌四正之位。」〔註 15〕可見，此式占術已將規矩權衡與坎離震兌四正卦、四時、四方相配，具體言之，即規與震、春、東相配，矩與兌、秋、西相配，衡與離、夏、南相配，權與坎、冬、北相配。說明春秋時易學中已有「五正」之說，此時正當孔子青年時期（21 歲），在其「晚而好《易》」之前。

〔註14〕 張文虎《校刊史記集解索隱正義札記》，中華書局，1977 年。

〔註15〕 錢大昕《十駕齋養新錄》，（上海）商務印書館，1935 年。

今本《繫辭下》曰：「黃帝堯舜垂衣裳而天下治，蓋取諸乾坤。」帛書《繫辭》亦言：「黃帝堯舜陲衣裳而天下治，蓋取者鍵川也。」按《繫辭》此說，可能正保留了易學「五正」說的古義。「垂衣裳」即取度於身，以身爲法度，即《鶡冠子·度萬》所言「取稽於身」。「黃帝堯舜垂衣裳而天下治」，即《黃帝書·經·五正》所言「始在於身，中有正度，後及外人」、「中實而外正」，正體現黃帝「五正」說的基本精神，也和《禮記·深衣》所載保留黃帝「五正」古義的深衣制度相符，二者可比照研究。《繫辭》此說，雖然只言「黃帝垂衣裳」，沒有明言規矩繩權衡，但比照前引《禮記·深衣》內容，結合「取諸乾坤」，可推斷「黃帝垂衣裳」建立的法度至少應包含規和矩。按規之用爲圓，矩之用爲方，而乾、坤之卦象正爲圓方。《說卦》曰：「乾爲圓。」坤有方的古逸象，故《坤》六二爻辭曰：「直方，大，不習无不利。」《九家易》逸象曰：「坤爲方。」「黃帝堯舜垂衣裳而天下治，蓋取諸乾坤」，其意應包含黃帝始於身而建立的治理天下的法度中，其規圓取之於乾，其矩方取之於坤。這種以規配乾、以矩配坤的配納，可能是易學「五正」說規矩配納的另一種形式。

由以上考證，可知古《易》中確有「五正」之說。此說淵源頗久，在孔子之時的春秋晚期已經存在，至西漢仍被傳習。它的基本內容是指帝王取度於身所建立的規矩繩權衡五種法度，與八卦中的某些卦、四時、五方和五行等相配納。其中法度與卦的具體配納，有以規矩權衡配四正卦，以繩配卦居中央的形式，也有以規矩配乾坤等不同配法。

從義理上看，古《易》的「五正」自有其成說。按《說卦》：「乾爲天，坤爲地。」《淮南子·天文訓》：「天道曰圓，地道曰方。方者主幽，圓者主明。」古《易》「五正」以規矩配乾坤，表示黃帝等古帝王取度於身建立方圓法度，乃效法天地之道。《呂氏春秋》正記其古義，其《序意》曰：「嘗得黃帝之所以誨顓頊矣：『爰有大圓在上，大矩在下，汝能法之，爲民父母』。蓋聞古之清世，是法天地。」此亦《繫辭上》所言：「易與天地準，故能彌綸天地之道。仰以觀於天文，俯以察於地理，是故知幽明之故。」古《易》「五正」以規矩權衡配納四正卦，以繩配卦居中央，並與四時、五方、五行相配的模式系統，表示帝王取度於身建立法度治理天下，其旨是因順陰陽、諧和四時、理順五行，而致天人祥和。按四正卦與四時、五方、五行的配納模式，表示的乃是陰陽消息、生長收藏、德生刑殺之道，質言之，表示的是

陰陽之理。故規矩繩權衡與四正卦模式的配納，使自身具有了陰陽刑德之義。《淮南子·天文訓》所言「規生矩殺，衡長權藏，繩居中央，爲四時根」，正記其義。故古《易》所講規矩繩權衡的「五正」，其要義是君道合於陰陽之道。

總之，帛書《要》篇的「五正」，應爲古《易》特定術語。其內容是指帝王取度於身所建立的規矩繩權衡五種法度，與八卦中的某些卦、四時、五方和五行等相配納，而形成的易學模式。此配納模式說明，君主布施規矩繩權衡五正，其旨在因順陰陽、諧和四時、理順五行，而達致天人祥和的理想政治境界。此古《易》「五正」的要義，是君道合於天地、陰陽之道。

如此，對帛書《要》篇講「五正」的那段話，我們可有更順暢的理解。此處「《易》又君道焉」的「君道」，不是一般意義上的君道，乃指君主治理天下所追求的最高、最終極的道，是「要」之「道」。《管子·君臣上》曰：「道也者，萬物之要也。爲人君者，執要而待之。」《要》篇以「要」命名，亦當有此意。此「君道」實質是指君之要道。此「君道」，是「能者繇一求之」、「所胃得一而君（群）畢者」的「一」。道爲「一」，這是最高意義上的道，即《繫辭下》所言「天下之動，貞夫一者也」的「一」，《繫辭上》所言「太極生兩儀」的「太極」（太一）。而易學「五正」乃講法度，講天地、陰陽之道。《黃帝書·經法·道法》曰：「道生法。」是法（法度）比道低一個層次。天地、陰陽皆是二，是「太極生兩儀」的「兩儀」，比「君道」低一個層次。因此，孔子說：《易》又君道焉……五正之事不足以至之。」易學中有君主所追求的最高的道，君主布五正，以法度治理天下，效法的乃是天地、陰陽之道，這還是低一層次的，還不足以極盡表達最高層次的道。

另外，《要》篇易學「五正」爲孔子所講，也是符合孔子瞭解「五正」之說的實情的。於此我們有三證。其一，《孔子家語·五帝德》記宰我向孔子請教禹的事蹟，孔子曰：「高陽之孫……聲爲律，身爲度（王肅注：以身爲法度也），亹亹穆穆，爲紀爲綱，其功爲百神主，其惠爲民父母。左準繩，右規矩，履四時，據四海。」《史記·夏本紀》有類似記載，其曰：「禹……聲爲律，身爲度，稱以出（《索隱》：又一解云，上文聲與身爲律度，則權衡亦出於其身，故云稱亦出也），亹亹穆穆，爲綱爲紀。」將此兩文與上引《鶡冠子·度萬》講「五正」的那段話比照，可知孔子此言，正是「五正」之說。其二，《禮記·禮運》記孔子之言曰：「我欲觀夏道，是故之杞，而不足徵也，

吾得《夏時》焉。我欲觀殷道，是故之宋，而不足徵也，吾得《坤乾》焉。
《坤乾》之義，《夏時》之等，吾以是觀之。」鄭玄注：「得殷陰陽之書也。
其書存者有《歸藏》。」可見孔子親到宋國，得到了陰陽術數之類的書（包
括《易》書），並研讀。孔子年輕時，宋人衛平式占已採用古《易》「五正」
之說，孔子晚而好《易》，對此應該是很瞭解的。其三，《繫辭》「黃帝堯舜
垂衣裳而天下治，蓋取諸乾坤」的古《易》「五正」說，說明先秦儒家易學
中本有此說，此說很可能直接源於孔子。因此，《要》篇記載孔子向弟子講
《易》時，引用古《易》「五正」之說，是合乎情理的。

三、子夏與《歸藏》關係初探——
兼及帛書《易經》卦序的來源

1、子夏傳習《歸藏》

有一段孔子弟子子夏（公元前507～前420年）引述易學資料的記載，見於《孔子家語・執轡》、《大戴禮記・易本命》、《淮南子・墜形訓》中，也散見於緯書《春秋考異郵》等書中。各處意思幾乎完全相同，而用詞稍異。現依據《孔子家語・執轡》〔註1〕，參照《大戴禮記・易本命》和《淮南子・墜形訓》，錄之如下：

子夏問於孔子曰（《易本命》作「子曰」）：「商聞《易》宣人生及萬物、鳥獸、昆蟲（《易本命》作「夫易之生人、鳥獸、萬物、昆蟲」），各有奇耦，氣分不同，而凡人莫知其情，唯達德（《易本命》作「道德」）者，能原其本焉。

天一，地二，人三，三三如九。九九八十一，一主日，（《墜形訓》有「日主人」），日數十，故人十月而生。八九七十二，（《墜形訓》有「二主偶」），偶以從奇，奇主辰，辰為月，月主馬，故馬十二月而生。七九六十三，三主斗，斗主狗，故狗三月而生。六九五十四，四主時，時主豕，（《墜形訓》作「豗」）故豕四月而生。五九四十五，五為音，音主猿（《易本命》作「猨」），故猿五月而生。四九三十六，

〔註1〕 王肅注《孔子家語》，汲古閣本王晉刻本。

六爲律，律主鹿（《易本命》作「禽鹿」，《墜形訓》作「麋鹿」），故
鹿六月而生。三九二十七，七主星，星主虎，故虎七月而生。二九
一十八，八主風，風爲蟲，故蟲八月而生（《易本命》、《墜形訓》作
「化」）。……敢問其然乎？」

孔子曰：「然。吾昔聞老聃亦如汝之言。」

《孔子家語》過去被有些學者疑爲王肅的僞作，近年的出土文獻對這種
說法有所動搖，證明其中一些材料來源相當早。1973 年河北定縣八角廊 40
號漢墓出土漢簡《儒家者言》，據介紹：「（其內容）上述商湯和周文的仁德，
下記樂正子春的言行，其中以孔子及其門弟子的言行最多。……這部書的絕
大部分內容，散見於先秦和西漢時期一些著作中，特別在《說苑》和《孔子
家語》之內。」〔註2〕1977 年安徽阜陽雙古堆一號漢墓出土西漢初（公元前
165 年後不久）的一塊篇題木牘，「存篇題四十六條，內容多與孔子及其門人
有關」，「大多在今本《孔子家語》中見到」。〔註3〕整理者認爲：「舊說以爲
《孔子家語》王肅僞作，今阜陽漢簡木牘證明早在西漢初期，已有類似的書
籍。」〔註4〕學者認爲，上述兩種簡牘應該都是《孔子家語》的原型，證明
至遲自漢初已有《孔子家語》。〔註5〕《禮記》是西漢前期發現和收集到的先
秦文獻，其內容爲孔門後學的「記」類之作，其來源是漢代孔壁所出土與河
間獻王所收集。1993 年郭店楚墓（下葬時間不晚於公元前 300 年）出土《緇
衣》，〔註6〕見於今傳本《禮記》，說明《禮記》的一些內容確實來源較古。
東漢時《禮記》分爲兩個系統，一爲《大戴禮記》，一爲《小戴禮記》。因此，
《大戴禮記》的資料也當多有源自先秦者。載於《孔子家語》、《大戴禮記》
等書中子夏所引述的這段資料，當有較古的來源，應當是可信的。

〔註2〕　定縣漢墓竹簡整理組《定縣 40 號漢墓出土竹簡簡介》，《文物》1981 年第 8
　　　　期。
〔註3〕　文物局古文獻研究室、安徽省阜陽地區博物館漢簡整理組《阜陽漢簡簡介》，
　　　　《文物》1983 年第 2 期。
〔註4〕　文物局古文獻研究室、安徽省阜陽地區博物館漢簡整理組《阜陽漢簡簡介》，
　　　　《文物》1983 年第 2 期。
〔註5〕　李學勤《竹簡〈家語〉與漢魏孔氏家學》，《孔子研究》1987 年第 2 期。李學
　　　　勤《八角廊漢簡儒書小議》，氏著《簡帛佚籍與學術史》，江西教育出版社，
　　　　2001 年版。
〔註6〕　李零《郭店楚簡校讀記》，陳鼓應主編《道家文化研究》第十七輯，三聯書店，
　　　　1999 年，第 482～485 頁。

　　這段古資料應爲古代易學資料。《大戴禮記》把其放在《易本命》篇中，這裡的「易」不是一般名詞，而是指易學意義上的「易」，指「易道」。「易本命」指從易道來探索萬物（包括人、鳥獸、昆蟲等）的根本性命。《執轡》「商聞《易》宣人生」的「《易》」，指《易》之書。因此，這段資料是從古代易學的視角切入的，或者說是置於古代易學的背景之下的。

　　據文獻記載，孔子弟子子夏傳《易》。《隋書‧經籍志》云：「昔宓羲氏始畫八卦，以通神明之德，以類萬物之情，蓋因而重之爲六十四卦。及乎三代，實爲三《易》：夏曰《連山》，殷曰《歸藏》，周文王作卦辭，謂之《周易》。周公又作爻辭。孔子爲《彖》《象》《繫辭》《文言》《序卦》《說卦》《雜卦》，而子夏爲之傳。」把子夏與伏羲、文王、周公、孔子易學四聖並列，其讚譽可謂不可復加。唐人李鼎祚《周易集解‧序》言孔子親傳子夏易學：「自卜商入室，親授微言。」《七略》、《中經簿》、《七錄》、《隋書‧經籍志》、《經典釋文》等載有子夏易學著作《子夏易傳》，唐人司馬貞《史記索隱》案曰：「子夏文學著於四科，序《詩》，傳《易》。又孔子以《春秋》屬商。又傳《禮》，著在《禮志》。而此史並不論，空記《論語》小事，亦其疏也。」但由於《史記》《漢書》所記載的先秦至西漢初儒家傳《易》世系中沒有子夏的名字，子夏傳《易》受到懷疑。筆者曾通過考察有關文獻，以及與出土易學文獻互證，證明孔子弟子子夏學《易》傳《易》應爲事實。〔註7〕因此，這段易學資料由子夏所引述，也與子夏瞭解易學的思想背景相符合。

　　對於這段資料，我們已經考證它背後實際隱藏著一套古《易》八卦象數。〔註8〕這套古《易》八卦象數，從《易》象上說，即乾爲日，爲人；坤爲月，爲馬；艮爲斗；兌爲時，爲豕；坎爲音，爲猿；離爲律，爲鹿；震爲星，爲虎；巽爲蟲。從《易》數上說，即乾爲一，坤爲二，艮爲三，兌爲四，坎爲五，離爲六，震爲七，巽爲八。這是一個與今本《說卦》所載古《易》象數系統不同的另一古《易》系統，從這一古《易》資料爲子夏所「聞」，孔子亦「昔聞老聃」，可推知這一古《易》系統應在孔子之時或以前即已存在，其淵源頗爲久遠。而子夏和孔子，對這一八卦古《易》象數系統應是瞭解和掌握的。

〔註7〕　劉彬《子夏易學考》，《周易研究》2006年第3期，第19～30頁。

〔註8〕　劉彬《〈大戴禮記‧易本命〉象數發微》，《周易研究》2003年第1期，第19～24頁。

　　值得我們注意的是這一古《易》系統的八卦之序。從我們的考證可知，這一八卦卦序是：乾、坤、艮、兌、坎、離、震、巽，而這一八卦卦序正與傳本《歸藏》八卦卦序完全相同。

　　案《歸藏》之名，現存文獻最早見載於《周禮》和《山海經》。《周禮‧春官‧大卜》：「（大卜）掌三《易》之法：一曰《連山》，二曰《歸藏》，三曰《周易》。」梁元帝《金樓子‧立言》篇引《山海經》曰：「黃帝氏得《河圖》，商人因之，曰《歸藏》。」（此言今本《山海經》無之）漢代杜子春、桓譚、鄭玄等人皆言及《歸藏》。但《歸藏》之書，《漢書‧藝文志》不載，《隋書‧經籍志》始載《歸藏》十三卷，並云：「《歸藏》漢初已亡。案晉《中經》有之，唯載卜筮，不似聖人之旨。以本卦尚存，故取貫於《周易》之首，以備殷《易》之缺。」可見此時，學者已對自晉《中經》以來所載《歸藏》的眞實性產生懷疑。此十三卷本《歸藏》至宋時已殘，《文獻通考》引《崇文總目》云：「今但存《初經》、《齊母》、《本著》三篇。」《文淵閣書目》已不著錄，大概在元明之際此《歸藏》已亡佚。晉干寶《周禮注》、宋朱震《易叢說》、李過《西溪易說》、羅泌《路史》等書存有《歸藏》的一些佚文，清馬國翰、黃奭等人有輯佚本。但對於此《歸藏》，很多學者懷疑其眞實性。1993 年，湖北江陵王家臺 15 號漢墓出土秦簡「易占」，據說「該墓的相對年代上限不早於公元前 278 年『白起拔郢』，下限不晚於秦代」〔註9〕，可見此秦簡「易占」乃抄寫於戰國晚期。據學者研究，已確定此「易占」即上述文獻所記載的《歸藏》，〔註10〕由此可證傳本《歸藏》不偽，是眞實有據的。

　　從干寶《周禮注》、朱震《易叢說》以及李過《西溪易說》等書所存《歸藏》佚文，可知《歸藏‧初經》的八卦之序是：初乾、初奭（筆者案：朱震注曰「坤」，廖名春先生考證「奭」乃寅字訛體，本是卦辭，誤爲卦名。

〔註9〕　荊州地區博物館《江陵王家臺 15 號秦墓》，《文物》1995 年第 1 期，第 43 頁。
〔註10〕　主要論文有：連劭名《江陵王家臺秦簡與〈歸藏〉》，《江漢考古》1996 年第 4 期。王明欽《試論〈歸藏〉的幾個問題》，《一劍集》，中國婦女出版社，1996 年。李家浩《王家臺秦簡「易占」爲〈歸藏〉考》，《傳統文化與現代化》1997 年第 1 期。王明欽《〈歸藏〉與夏啟的傳說——兼論臺與祭壇的關係及鈞臺的地望》，《華學》第 3 輯，紫禁城出版社，1998 年。王寧《秦墓「易占」與〈歸藏〉之關係》，《考古與文物》2000 年第 1 期。王明欽《王家臺秦墓竹簡概述》，《新出簡帛研究》，文物出版社，2004 年，第 26～39 頁。林忠軍《王家臺秦簡〈歸藏〉出土的易學價值》，《周易研究》2001 年第 2 期。廖名春《王家臺秦簡〈歸藏〉管窺》，《周易研究》2001 年第 2 期。

〔註 11〕朱震所注是對的，初輿即初坤）、初艮、初兌、初犖（朱震注：坎）、初離、初釐（朱震注：震）、初巽，即乾、坤、艮、兌、坎、離、震、巽。干寶等人所記《歸藏·初經》八卦之序，定當有所古本。其實在今本《說卦》中，就存在《歸藏》八卦卦序的蹤跡。《說卦》曰：「雷以動之，風以散之；雨以潤之，日以烜之；艮以止之，兌以說之；乾以君之，坤以藏之。」此爲四句話，其順序反過來，則爲《歸藏·初經》之序，即「乾以君之，坤以藏之；艮以止之，兌以說之；雨以潤之，日以烜之；雷以動之，風以散之」，正爲乾、坤、艮、兌、坎、離、震、巽。而其中「坤以藏之」，以「藏」爲「坤」之象，正與重「坤」、以「歸藏」爲名的《歸藏》符合，也說明這四句話確實應與《歸藏》有關。

對照我們考證出的子夏所瞭解的古《易》八卦之序，可看到二者完全相同。據此我們可以推斷，子夏所瞭解的古《易》八卦系統，很可能就屬於《歸藏》，子夏對《歸藏》應該是瞭解和掌握的。

而汲冢出土的竹書《歸藏》，說明子夏不僅熟知《歸藏》，而且傳習《歸藏》。

西晉武帝時（具體時間三種記載，即咸寧五年、太康元年或二年，即公元 279 至 281 年三年），汲郡人盜發魏襄王墓（李學勤先生推斷，墓葬時間約爲公元前 299 年或稍晚一些。〔註 12〕），出土竹書約七十五篇，其中有《易》類書，據唐房玄齡等撰《晉書·束皙傳》記載：「其《易經》二篇，與《周易》上下經同。《易繇陰陽卦》二篇，與《周易》略同，繇辭則異。《卦下易經》一篇，似《說卦》而異。《公孫段》二篇，公孫段與邵陟論《易》。」可見其中有兩種《易》書，一種即今本《周易》古經。另一種《易繇陰陽卦》應該是《周易》之外的另一種《易》書，正如學者指出：「從篇名《易繇陰陽卦》來看，此書也是由卦符（所謂陰陽卦）和文字解說（即『繇』）兩大部分組成的。所謂『與《周易》略同，繇辭則異』是指該書之卦符與《周易》之卦符略同，而文字解說則與《周易》相異。顯然這是與《周易》類似但不從屬於《周易》的另一種易書。」〔註 13〕那麼它是哪一種《易》書呢？《藝文類聚》

〔註 11〕廖名春《王家臺秦簡〈歸藏〉管窺》，《周易研究》2001 年第 2 期，第 17～18 頁。

〔註 12〕李學勤《周易經傳溯源》，長春出版社，1992 年，第 181 頁。

〔註 13〕任俊華、梁敢雄《〈歸藏〉源流考》，劉大鈞主編《大易集奧》（上），上海古籍出版社，2004 年，第 59 頁。

卷四十載王隱《晉書》言汲冢竹書曰：「有《易卦》，似《連山》、《歸藏》文。」
束皙所稱《易繇陰陽卦》，王隱稱爲《易卦》，並指出它是《連山》或《歸藏》。
那麼它到底是《連山》，還是《歸藏》呢？我們知道，《歸藏》漢初已亡，晉
人荀勖所編撰的《中經新簿》（後人稱爲晉《中經》）始著錄《歸藏》。考《晉
書・荀勖傳》：「（荀勖）領祕書監，與中書令張華依劉向《別錄》整理記籍。
及得汲郡家中古文竹書，詔勖撰次之，以爲《中經》，列在祕書。」《文選・
王文憲集》注引王隱《晉書》亦言：「（荀勖）領祕書監，與中書令張華依劉
向《別錄》整理錯亂。……太康二年得汲冢中古文竹書。勖自撰次注寫，以
爲《中經》。」可知荀勖與束皙等人一起參與整理汲冢竹書，最後由荀勖依照
劉向整理古籍的方法（如重定書名），自己「撰次注寫」，將汲冢竹書束皙所
稱的《易繇陰陽卦》、王隱所稱《易卦》定名爲《歸藏》，而將其列入晉《中
經》。另外，「《易繇陰陽卦》」中「陰陽卦」的名字，也說明它應該就是先坤
後乾的《歸藏》。學者指出：「所謂《陰陽卦》，如果用《周易》的卦名術語來
翻譯，不恰恰就是陰在陽前的《坤乾》嗎？」〔註14〕這是正確的。因此晉《中
經》的《歸藏》應該就是來自於汲冢竹書，汲冢竹書中應該有《歸藏》。

　　汲冢竹書的《歸藏》應來自於子夏所傳。從上面的考證，我們已知子夏
瞭解、掌握《歸藏》。孔子沒後，子夏居住講學於魏國，是當時七十子中影響
較大的人物。《史記・儒林列傳》：「自孔子卒後，七十子之徒散游諸侯，大者
爲師傅卿相，小者友教士大夫，或隱而不見。故子路居衛（按此誤，子路死
於衛時，孔子尙在），子張居陳，澹臺子羽居楚，子夏居西河，子貢終於齊。
如田子方、段干木、吳起、禽滑釐之屬，皆受業於子夏之倫，爲王者師。是
時獨魏文侯（在位公元前 446～前 397 年）好學。」《史記・仲尼弟子列傳》：
「孔子既沒，子夏居西河教授，爲魏文侯師。」《後漢書・徐防傳》「臣聞《詩》
《書》《禮》《樂》，定自孔子；發明章句，始於子夏」，李賢注曰：「《史記》：
孔子沒，子夏居西河，教弟子三百人，爲魏文侯師。」西河，據錢穆先生考
證，在東方河濟之間，「當在今長垣之北，觀城之南，曹州以西，一帶之河濱」，
〔註15〕在魏境。時當戰國之初，「魏文侯以大夫僭國，禮賢下士，以收人望，
邀譽於諸侯，遊士依以發跡，實開戰國養士之風。於先秦學術興衰，關係甚

〔註14〕任俊華、梁敢雄《〈歸藏〉源流考》，劉大鈞主編《大易集奧》（上），上海古
　　　　籍出版社，2004 年，第 62 頁。
〔註15〕錢穆《先秦諸子繫年》，商務印書館，2001 年版，第 145～146 頁。

巨。」〔註16〕《呂氏春秋・舉難》：「文侯師子夏，友田子方，敬段干木（公元前465～前395年）。」《呂氏春秋・當染》：「段干木學於子夏。」是段干木爲子夏弟子。又，爲魏文侯相的李克（公元前455～前395）也爲子夏弟子。當時的魏國爲子夏的學術活動提供了很好的環境，從李賢所見《史記》言「教弟子三百人」，可以想見子夏講學之盛況！子夏在魏國講易學，當既講授《周易》，也講授《歸藏》，他的弟子當承受《周易》和《歸藏》並傳之。在子夏去世約120年後，魏襄王墓所入葬的《周易》和《歸藏》等《易》書，應爲子夏所傳者。有學者指出，魏王冢中的《歸藏》應來自於子夏之徒所傳習者，〔註17〕是有道理的。

那麼，子夏所知的《歸藏》又來自於那裡呢？這有兩種可能，從上引《孔子家語・執轡》的那段內容看，子夏「聞《易》」，並請教孔子「敢問其然乎」，而孔子回答「吾昔聞老聃」，可見子夏所瞭解的《歸藏》，可能是受於別人，並且這種可能性很大。這是一種可能，但也不能排除另一種可能，即子夏《歸藏》受之於孔子，因孔子已得《歸藏》，並瞭解《歸藏》。於此我們有兩條證據。其一，《禮記・禮運》：「孔子曰：我欲觀夏道，是故之杞，而不足徵也，吾得《夏時》焉。我欲觀殷道，是故之宋，而不足徵也，吾得《坤乾》焉。《坤乾》之義，《夏時》之等，吾以是觀之。」鄭玄注：「得殷陰陽之書也。其書存者有《歸藏》。」可見孔子得殷代陰陽之類書，其中有《歸藏》（即《坤乾》）並觀之。其二，《說苑・敬愼》記載孔子向子夏講《易》，其中說：「夫自損者益，自益者缺，吾是以歎也。」孔子所說，從卦序上看是今本《周易》古經卦序，即「損」指損卦，「益」指益卦，「缺」指夬卦，他以「缺」解「夬」，當是本之於《歸藏》。案王家臺秦簡《歸藏》《夬》卦作《罭》，〔註18〕廖名春先生考證：「疑罭即罭之省文。《說文・網部》：『罭，魚網也。從網，剡聲。罭，籀文銳。』『罭』古音爲月部見母，與『夬』同。《釋名・釋言語》：『夬，決

〔註16〕錢穆《先秦諸子繫年》，商務印書館，2001年版，第149頁。

〔註17〕任俊華、梁敢雄兩先生認爲：「通過子夏在魏國不論政治生活還是學派傳承上都產生了重大影響這一史實來推測：是子夏將孔子所得卦書《坤乾》帶到魏國，也許經過了子夏之徒的修訂改編，最後以俗名《陰陽卦》傳入魏而入魏王冢。」見任俊華、梁敢雄撰《〈歸藏〉源流考——兼論秦簡〈歸藏〉兩種摘抄本的由來與命名》，劉大鈞主編《大易集奧》（上），上海古籍出版社，2004年，第62頁。

〔註18〕王明欽《王家臺秦墓竹簡概述》，《新出簡帛研究》，文物出版社，2004年，第31頁。

也。有所破壞決裂之於終始也。』決通缺。《說文·缶部》：『缺，器破也。』《小爾雅·廣詁》：『缺，隙也。』卦畫上六象器物有缺口，故名爲『夬』。因此，『闋』當是『夬』之借字。」〔註19〕可見《歸藏》中《夬》作《罽》，正表「裂缺」之義。又，今本《周易》古經《夬》九三爻辭「君子夬夬」，九五爻辭「莧陸夬夬」，帛書《易經》作「君子缺缺」和「莧勒缺缺」，今本作「夬夬」處，帛本作「缺缺」。學者已發現，帛書《易經》一些卦名與《歸藏》有密切關係〔註20〕，由此推想《歸藏》《夬》卦當作「缺」義。孔子向子夏講《易》時，以《夬》爲「缺」義，正說明孔子對《歸藏》的熟悉。又，《儀禮·士冠禮》賈公彥疏：「《春秋緯演孔圖》云：『孔子修《春秋》，九月而成。卜之，得《陽豫》之卦。』宋均注云：『《陽豫》，夏、殷之卦名。』是孔子用異代之筮。」《春秋公羊傳·隱公元年》徐彥疏：「問曰：《春秋說》云『孔子欲作《春秋》，卜得《陽豫》之卦』，宋氏云：『夏、殷之卦名也。』孔子何故不用《周易》占之乎？答曰：蓋孔子見西狩獲麟，知周將亡，又見天命有改製作之意，故用夏、殷之《易》矣。」《陽豫》之卦，是屬於夏《連山》還是殷《歸藏》雖不能確定，但孔子熟悉《周易》之外的易占是可肯定的。

《論語·子張》記子夏之語曰：「博學而篤志，切問而近思，仁在其中矣。」皇侃《論語義疏》曰：「博，廣也。篤，厚也。志，識也。言人當廣學經典而深厚識錄之不忘也。切猶急也，若有所未達之事，宜急諮問取解，故云切問也。近思者，若有所思，則宜思己所已學者，故曰近思也。能如上事，雖未是仁，而方可能爲仁，故云仁在其中矣。」仁乃孔子思想之核心，諄諄教導弟子之切要，子夏以博學厚記切問近思爲仁之方，可見子夏對學問追求之重視，也可想見子夏對古代文獻如饑似渴的學習和廣博精熟的掌握。由此思之，子夏對《歸藏》的學習和掌握，很可能是既受之於別人，又受之於孔子。子夏熟知《歸藏》，晚年居魏講學時向弟子傳授過《歸藏》，這一點是可以肯定的。

2、帛書《易經》卦序與子夏所傳承《歸藏》的關係

總之，由以上考證，我們可得出以下結論：子夏學習和傳承了《歸藏》。

〔註19〕廖名春《王家臺秦簡〈歸藏〉管窺》，《周易研究》2001年第2期，第17頁。
〔註20〕饒宗頤《殷代易卦及有關占卜諸問題》，《文史》第二十輯，中華書局，1983年。于豪亮《帛書周易》，《文物》1984年第3期。

如果把子夏的傳《易》活動放在先秦儒家易學傳承的大背景下，會引發我們更多的思考。在此只能初步地討論一下。子夏爲儒門弟子，他在傳《易》時，不會只傳《歸藏》不傳《周易》，應當既傳《周易》又傳《歸藏》，即同時傳授《周易》和《歸藏》兩個易學系統。而他的這種做法，應源於孔子。由上文考證，可知孔子已有向弟子同時講授《周易》和《歸藏》的兩大易學系統的做法。由此啟發我們思考一個較宏觀的問題：在孔子之後儒家傳《易》這個大的體系中，同時傳授《周易》和《歸藏》兩個系統的做法是否一直承襲下來？換言之，在儒家的易學傳承體系中，是否像傳統所認爲的那樣只有《周易》系統，還是除了《周易》系統之外，還有《歸藏》系統？以前，由於文獻的限制，這個問題可能是一個無意義問題。但是帛《易》的出土，使我們思考這個問題已具有了意義。

1973 年出土的馬王堆帛書《易經》，其六十四卦之序是由上卦與下卦按一定規則重合而成。上卦之序是：乾、艮、坎、震、坤、兌、離、巽，下卦之序是：乾、坤、艮、兌、坎、離、震、巽。上卦與下卦之序乍看不同，實質上是一樣的，六子卦都是按少、中、長順序排列，只不過上卦把八卦分爲乾陽卦和坤陰卦兩組。可以看出，下卦之序與《歸藏·初經》卦序完全相同。我們知道，卦序是判斷易學系統最重要的因素。按傳統說法，之所以有《連山》、《歸藏》和《周易》這三大易學系統的不同，是因爲卦序不同：六十四卦重卦之序，《連山》首艮，《歸藏》首坤，《周易》首乾，三種系統的卦序是不同的；八經卦的六子之序，《歸藏》是按少、中、長排列，而《周易》是按長、中、少排列（《連山》還不清楚）。因此，雖然帛書《易經》的經文（即卦爻辭）用的是今本《周易》古經的卦爻辭，但從八經卦卦序與《歸藏》相同這種更重要的因素考慮，與其把帛書《易經》歸屬於《周易》系統（現在帛《易》研究者的一般做法），不如把它歸屬於《歸藏》系統可能更合適一些。

另外，與帛書《易經》重卦卦序不同，帛書《易傳》所用的重卦卦序是今本《周易》古經的卦序。《二三子》解釋卦爻辭，依次論述鍵、川、蹇（即蹇）、解、鼎、溍（即晉）、肫（屯）、同人、大有、嗛（即謙）、予（即豫）、中復（中孚）、少過（即小過）、恒、根（即艮）、豐、奐（即渙）、未濟等，所依卦序採用今本《周易》古經卦序，而與帛書《易經》卦序皆不同。《衷》篇所引卦序，也爲今本《周易》古經卦序。如《衷》篇曰：「是故鍵者得[之陽也，川者]得之陰也，肫者[得之]□[也，蒙者得之]隋也，[嬬者得之]畏也，容

者得之疑也，師者得之救也，比者得□也，小畜者得[之]未□也，履者誕之行也，益（訛，應爲泰〔註21〕）者上下交矣，婦者[陰]陽奸矣。」〔註22〕此鍵（即乾）、川（即坤）、肫（即屯）、蒙、嬬（即需）、容（即訟）、師、比、小畜、履、泰、婦（即否）的卦序，顯然爲今本《周易》古經卦序，而不是帛書《易經》卦序。《衷》篇又曰：「復之卦留□而周，所以人背也；无孟之卦有罪而死，无功而賞，所以畱。」〔註23〕此復、无孟（即无妄）的卦序，採用的是《周易》古經卦序。而在帛書《易經》中，復爲第三十九卦，无孟（无妄）爲第七卦，二者是不相連的。《衷》篇又曰：「林之卦自誰不无瞿？觀之卦盈而能乎。」〔註24〕此林（即臨）、觀卦序，採用的是今本《周易》古經卦序。而在帛書《易經》中，林爲三十六卦，觀爲六十卦，二者不相連。總之，通觀帛書《易傳》各篇，所採用卦序皆爲今本《周易》古經卦序。正如廖名春先生所指出的：「從帛書《易傳》諸篇引《易》所反映出的卦序來看，它們遵從的是今通行本之序，而非帛書《易經》之序。」〔註25〕由此我們推斷，帛書《易傳》應屬於《周易》系統。因此，從這裡可以看出，整個馬王堆帛《易》實際上包含了兩個古代易學系統，即《歸藏》系統和《周易》系統。

帛《易》傳習於西漢初以前，其學派性質應爲儒家；子夏承繼其師孔子，傳授《周易》和《歸藏》，時在戰國早期；子夏所傳《歸藏》入魏襄王家，時在戰國晚期之初，這說明從春秋末至西漢初，在儒家易學的傳承中，一直有《歸藏》的內容，其中子夏起了重要的作用。至於帛《易》中的《歸藏》內容，是否來自於子夏易學一系，現在還沒有充分證據。據《史記·仲尼弟子列傳》記載，楚人馯臂子弘受《易》於商瞿，而《史記索隱》和《正義》皆引應劭曰：「（馯臂）子弓，子夏門人。」馯臂子弓即馯臂子弘，是馯臂子弓

〔註21〕此處「益」當爲「泰」之誤，廖名春先生、劉大鈞先生等學者已指出，參見廖名春《帛書〈易之義〉簡說》，《道家文化研究》第三輯，上海古籍出版社，1993 年，第 199 頁；廖名春《帛書〈易傳〉初探》，（臺北）文史哲出版社，1998 年，第 12 頁。劉大鈞《帛書〈易傳〉中的象數易學思想》，《哲學研究》2001 年第 11 期，第 52 頁。

〔註22〕廖名春《馬王堆帛書周易經傳釋文》，《易學集成》（三），四川大學出版社，1998 年，第 3037 頁。

〔註23〕廖名春《馬王堆帛書周易經傳釋文》，《易學集成》（三），四川大學出版社，1998 年，第 3037 頁。

〔註24〕廖名春《馬王堆帛書周易經傳釋文》，《易學集成》（三），四川大學出版社，1998 年，第 3037 頁。

〔註25〕廖名春《〈周易〉經傳與易學史新論》，齊魯書社，2001 年，第 189 頁。

又被認爲是子夏門人。若馯臂子弓既是商瞿弟子，又是子夏弟子，推想他除了傳承商瞿一系的易學外，也應該傳承子夏《易》。子夏傳習的《歸藏》，由他傳入楚地，傳承下來而與帛書《易經》發生關係，也有可能。

總之，從我們的考證看，先秦至漢初儒家易學傳承同時存在兩個系統，即《周易》系統和《歸藏》系統，當爲事實。當然，這一事實的充分證明，還需要更多的文獻和進一步的研究。在以前的研究中，由於文獻不足，這一事實被人們忽視了。過去人們一直重視的是儒家易學中的《周易》傳統，現在由於這一事實的揭開，我們發現古代儒家易學的流傳比原來想像的要豐富的多，複雜的多。作爲古代易學三大系統之一的《歸藏》，並不是像原來人們所認爲的那樣早已亡佚，而是和《周易》一樣，一直到西漢初還在儒門易學中流傳著。

由此，考慮到先秦至西漢初《周易》和《歸藏》這兩大易學系統在儒門的流傳，雖然其具體全部的情形現在還不能搞清楚，但是從上面的考證，我們可以說，子夏在這一傳承過程中，應該是起到了重要的作用，隋唐人對子夏傳《易》之功的評價是有根據的。

參考文獻

1. 湖南省博物館、中國科學院考古研究所，長沙馬王堆二、三號漢墓發掘報告，文物，1974 年第 7 期，頁 39～48 轉頁 63，1974 年 7 月。

2. 曉函，長沙馬王堆漢墓帛書概述，文物，1974 年第 9 期，頁 40～44，1974 年 9 月。

3. 張政烺、周世榮，座談長沙馬王堆漢墓帛書，文物，1974 年第 9 期，頁 48～49，1974 年 9 月。

4. 中國科學院考古研究所，湖南省博物館寫作小組，馬王堆二、三號漢墓發掘的重要收穫，考古，1975 年第 1 期，頁 47～57 轉頁 61，1975 年 1 月。

5. 湖南省博物館，長沙馬王堆漢墓，長沙：湖南人民出版社，1979 年 8 月。

6. 嚴靈峰，馬王堆帛書易經初步研究——周易經傳文字的結構和錯簡，經子叢書，第五冊，215 頁，臺北：成文出版社，1980 年 7 月。

7. 饒宗頤，略論馬王堆《易經》寫本，中國古文字研究會年會論文，1980 年；古文字研究，第 7 輯，頁 232～242，1982 年 6 月。

8. 嚴靈峰，《馬王堆帛書易經初步研究》自序，東方雜誌，復刊 14 卷第 2 期，1980 年 8 月。

9. 陳道生，《三易》和《帛書》卦序表微稿，哲學與文化，第 8 卷第 3 期，1981 年 3 月。

10. 湖南省博物館，馬王堆漢墓研究，長沙：湖南人民出版社，413 頁，1981 年 8 月。

11. 何介鈞、張維明，馬王堆漢墓，北京：文物出版社，1982 年 1 月；臺北：弘文館，1985 年 11 月。

12. 黎子耀，馬王堆漢墓帛書《易經》卦序釋義，中國哲學史研究，1982 年第 1 期，頁 38～41，1982 年 1 月。

13. 丁南，帛書周易別字諧聲臆測，中華易學，第 3 卷第 2 期，1982 年 4 月。

14. 劉大鈞，《周易大傳》——關於《周易大傳》各篇寫成的先後及六十四卦順序編次的探討，中國哲學史研究，1982 年第 2 期，1982 年 4 月。

15. 陳金生，《周易》與中國哲學，文史，第 14 輯，1982 年 7 月。

16. 季旭昇，談帛書周易的別字諧聲，中華周易，第 3 卷第 5 期，1982 年 7 月。

17. 冒懷辛，馬王堆帛書《易經》與邵雍先天易學，哲學研究，1982 年第 10 期，頁 79～80，1982 年 10 月。

18. 超英、夏一方，馬王堆出土帛書易經初探，文博通訊，1983 年第 2 期。

19. 馬王堆漢墓帛書整理小組，馬王堆帛書《六十四卦》釋文，文物，1984 年第 3 期，頁 1～8，1984 年 3 月。

20. 張政烺，帛書《六十四卦》跋，文物，1984 年第 3 期，頁 9～14，1984 年 3 月；周易研究論文集，第一輯，頁 601～612，北京：北京師範大學出版社，1987 年 9 月。

21. 于豪亮，帛書《周易》，文物，1984 年第 3 期，頁 15～24，1984 年 3 月；周易研究論文集，第一輯，頁 613～628，北京：北京師範大學出版社，1987 年 9 月。

22. 饒宗頤，再談馬王堆帛書周易，明報，19～7，1984 年 7 月；饒宗頤史學論著選，上海古籍出版社，1993 年，頁 68～83。

23. 韓仲民，帛書《周易》六十四卦淺說，江漢論壇，1984 年第 8 期，頁 20～24，1984 年 8 月；周易縱橫錄，武漢：湖北人民出版社，頁 223～232，1986 年 11 月。

24. 韓仲民，帛書《周易》釋疑一例——「天行健」究應如何解釋，文物天地，1984 年第 5 期，頁 34～35，1984 年 9 月。

25. 張武，《周易》研究的新收穫、新特點、新趨勢，中國哲學史研究，1985 年第 1 期，1985 年 1 月。

26. 嚴靈峰，馬王堆帛書易經「六十四卦」的重卦和卦序問題（上、下），東方雜誌（臺灣），復刊第 18 卷第 8、9 期，19 頁，1985 年 2、3 月；無求備齋學術新著，頁 173～225，臺北：商務印書館，1987 年 2 月；無求備齋易學論集，頁 269～310，北京：中國社會科學出版社，1995 年 1 月。

27. 黃沛榮，論馬王堆帛書易經之卦序，中國書目季刊（臺灣），第 18 卷第 4 期，頁 141～149，1985 年 3 月；屈萬里院士紀念論文集，頁 141～152，臺北：學生書局，1985 年 5 月。

28. 劉大鈞，帛《易》初探，文史哲，1985 年第 4 期，頁 53～60，1985 年 7 月；周易概論，濟南：齊魯書社，1986 年 5 月。

29. 樓宇烈，易卦爻象原始，北京大學學報，1986 年第 1 期，1986 年 1 月。

30. 陳玉森、陳憲猷，先秦無《易經》論，中山大學學報（哲社版），1986 年第 1 期，1986 年 1 月。

31. 呂沛銘，漢初帛書周易八卦研究，中華易學，第 6 卷第 11 期，1986 年 1 月。

32. 橘純信，馬王堆漢墓《周易》異文に反映する方音的特徵，（日本大學）漢學研究，24 輯，1986 年 3 月。

33. 王輝，馬王堆帛書《六十四卦》校讀札記，古文字研究，第 14 輯，頁 281～294，1986 年 6 月。

34. 鄧球柏，《帛書周易校釋》選登，湘潭大學學報（社科版），1986 年第 3 期，1986 年 7 月。

35. 周立升，帛《易》六十四卦芻議，文史哲，1986 年第 4 期，頁 25～30 轉 24，1986 年 7 月。

36. 張政烺，易辨——近幾年根據考古材料探討《周易》問題的綜述，唐明邦等編，周易縱橫錄，武漢：湖北人民出版社，頁 177～196，1986 年 11 月；中國哲學，14 輯，北京：人民出版社，1988 年 1 月。

37. 嚴靈峰，馬王堆帛書易經內容概述，無求備齋學術新著，臺北：商務印書館，1987 年 2 月。

38. 溫公翊，讀馬王堆帛書《周易》，內蒙古民族師院學報（社科版），1987 年第 2 期，頁 42，1987 年 2 月。

39. 王永嘉，馬王堆帛書《周易》卦文校正（選錄），寧波師院學報（社科版），1987 年第 3 期，1987 年 3 月。

40. 李學勤，馬王堆帛書周易的卦序卦位，中國哲學，第 14 輯，頁 16～26，北京：人民出版社，1988 年 1 月；李學勤集，頁 351～362，哈爾濱：黑龍江教育出版社，1989 年 5 月；周易經傳溯源，頁 204～213，長春：長春出版社，1992 年 8 月；簡帛佚籍與學術史，頁 239～251，臺北：時報文化出版公司，1994 年 12 月。

41. 霍斐然，帛書周易「水火相射」釋疑，文史，第 29 輯，頁 357～363，北京：中華書局，1988 年 1 月。

42. 王建慧，馬王堆帛書《周易》異文考，香港中文大學中國文化研究所學報（香港中文大學創校 25 週年今年專號），第 19 輯，1988 年。

43. 連劭名，談帛書《周易》，周易研究，1988 年第 1 期。

44. 王興業，《雜卦》不雜說——兼論《易》卦序與學派問題，周易研究，1988 年第 1 期。

45. 李正光，馬王堆漢墓帛書竹簡，長沙：湖南美術出版社，293 頁，1988 年 2 月。

46. 戰斗勇,《易經》的形成不可能早於西周晚期,中國哲學史研究,1988年第2期,1988年4月。

47. 韓仲民,《周易》探原,中國書籍編纂史稿,中國書籍出版社,1988年5月。

48. 韓仲民,帛書繫辭淺說——兼論易傳的編纂,孔子研究,1988年第4期,頁23～28,1988年12月;周易研究,1990年第1期,頁14～20,1990年。

49. 黃沛榮,近十年來海峽兩岸易學研究的比較,周易研究,1989年第1期。

50. 李學勤,從帛書易傳看孔子與易,中原文物,1989年第2期,頁41～44,1989年6月;周易經傳溯源,頁224～230,長春:長春出版社,1992年8月。

51. 李學勤,帛書周易與荀子一系易學,中國文化,第1期,頁30～36,1989年12月;周易經傳溯源,頁98～109,長春:長春出版社,1992年8月。

52. 李學勤,帛書繫辭略論,齊魯學刊,1989年第4期,頁17～20,1989年12月;周易經傳溯源,頁231～237,長春:長春出版社,1992年8月。

53. 馮時,殷墟「易卦」卜甲探索,周易研究,1989年第2期。

54. 王新春,再論《周易》的形成及其理論特色,周易研究,1989年第2期。

55. 周世榮,馬王堆帛書《周易》、《老子》與氣功養生法,湖南考古輯刊,第55輯,1989年。

56. 陳鼓應,對兩篇商榷文章的答覆,哲學研究,1990年第5期,1990年9月。

57. 歐陽維誠,《周易》大衍之數新探,湖南師範大學社會科學學報,1990年第3期。

58. 歐陽維誠,周易卦序探原,求索,1990年第6期,頁70～74轉64,1990年9月。

59. 周世榮,從馬王堆漢墓帛書《周易》看陰陽家及其氣功流變,周世榮,馬王堆養生氣功,武漢:湖北科學技術出版社,1990年6月。

60. 張立文,周易帛書淺說,中國文化與中國哲學,頁84～116,北京:三聯書店,1990年12月;周易帛書今注今譯,頁1～42,臺北:學生書局,1991年9月;帛書周易注譯(卷首),37頁,鄭州:中州古籍出版社,1992年9月;白話帛書周易(卷首),鄭州:中州古籍出版社,1994年5月。

61. 溫公翊,馬王堆帛書周易卦序研究,哲學研究,1990年增刊,1990年12月。

62. 廖名春、康學偉、梁韋弦，周易研究史，長沙：湖南出版社，468 頁，1991 年 7 月；漢城：藝文書院，935 頁，1994 年 9 月。

63. 于載治，帛易芻議，中華易學，第 12 卷第 7 期，1991 年 9 月。

64. 徐芹庭，西漢馬王堆帛書斷片之研究，易經深入（2），臺灣：普賢出版社，1991 年 10 月。

65. 伊東倫厚，學易一得，中國哲學（日本北海道大學），第 19 輯，1991 年 10 月。

66. 張岱年，《周易》經傳的歷史地位，人文雜誌，1991 年。

67. 喻博文，《周易》研究十年述要，煙臺大學學報（哲社版），1991 年。

68. 李學勤，關於《周易》的十個問題，中華文化，1992 年第 1 期；走出疑古時代，遼寧大學出版社，1994 年 3 月。

69. 陳徽治，帛書《周易》中的通假字，中華易學，第 13 卷第 1 期，1992 年 3 月。

70. 傅舉有、陳松長編，馬王堆漢墓文物，長沙：湖南出版社，186 頁，1992 年 5 月。

71. 傅舉有、陳松長，馬王堆漢墓文物綜述，馬王堆漢墓文物（別卷），28 頁，長沙：湖南出版社，1992 年 5 月。

72. 王葆玹，從馬王堆帛書本看繫辭與老子學派的關係，道家文化研究，第一輯，頁 175～187，上海：上海古籍出版社，1992 年 6 月；易傳與道家思想，頁 330～347，臺北：商務印書館，1994 年 9 月。

73. 連劭名，帛書周易卦名校釋，文史，第 36 輯，1992 年 8 月。

74. 廖名春，帛書繫辭釋文校補，長沙：馬王堆漢墓國際學術討論會論文，4 頁，1992 年 8 月。

75. 李學勤，周易經傳溯源——從考古學、文獻學看周易，長春：長春出版社，237 頁，1992 年 8 月。

76. 韓仲民，帛易說略，北京：北京師範大學出版社，230 頁，1992 年 10 月。

77. 黃沛榮，馬王堆帛書繫辭傳校讀，周易研究，1992 年第 4 期，頁 1～9，1992 年 12 月。

78. 饒宗頤，帛書繫辭傳「大恒」說，中國文化研究所學報（香港中文大學），新第 1 期，頁 85～98，1992 年；道家文化研究，第三輯（馬王堆帛書專號），頁 6～19，上海：上海古籍出版社，1993 年 8 月；馬王堆漢墓研究論文集——1992 年馬王堆漢墓國際學術討論會論文選，頁 27～35，長沙：湖南出版社，1994 年 5 月。

79. 廖名春，帛書繫辭釋文補正，中國文化研究所學報（香港中文大學），新第 2 期，頁 1～8，1993 年。

80. 李學勤，帛書繫辭上篇析論，江漢考古，1993 年第 1 期，頁 80～83，1993 年 1 月。

81. 吳辛丑，從帛書異文看《周易》訓詁中存在的問題，華南師範大學學報（社科版），1993 年第 1 期，1993 年 1 月。

82. 陳鼓應，馬王堆出土帛書繫辭爲現存最早的道家傳本，哲學研究，1993 年第 2 期，頁 42～49，1993 年 2 月；易傳與道家思想，頁 165～182，臺北：商務印書館，1994 年 9 月。

83. 廖名春，中國古代文明的瑰寶——評《馬王堆漢墓文物》，哲學研究，1993 年第 3 期，頁 77～78，1993 年 3 月。

84. 廖名春，帛書《周易繫辭傳》異文初考，中國海峽兩岸黃侃學術研討會論文集，頁 156～161，華中師範大學出版社，1993 年 5 月。

85. 廖名春，論帛書繫辭的學派性質，哲學研究，1993 年第 7 期，頁 58～65，1993 年 7 月。

86. 張岱年，初觀帛書繫辭，道家文化研究，第三輯（馬王堆帛書專號），頁 1～5，上海：上海古籍出版社，1993 年 8 月。

87. 余敦康，帛書繫辭「易有大恒」的文化意蘊，道家文化研究，第三輯（馬王堆帛書專號），頁 20～26，上海：上海古籍出版社，1993 年 8 月。

88. 張政烺，馬王堆帛書周易繫辭校讀，道家文化研究，第三輯（馬王堆帛書專號），頁 27～35，上海：上海古籍出版社，1993 年 8 月。

89. 朱伯崑，帛書本繫辭文讀後，道家文化研究，第三輯（馬王堆帛書專號），頁 36～46，上海：上海古籍出版社，1993 年 8 月。

90. 樓宇烈，讀帛書繫辭雜記，道家文化研究，第三輯（馬王堆帛書專號），頁 47～54，上海：上海古籍出版社，1993 年 8 月。

91. 許抗生，略談帛書老子與帛書易傳繫辭，道家文化研究，第三輯（馬王堆帛書專號），頁 55～63，上海：上海古籍出版社，1993 年 8 月。

92. 陳鼓應，繫辭傳的道論及太極、太恒說，道家文化研究，第三輯（馬王堆帛書專號），頁 64～72，上海：上海古籍出版社，1993 年 8 月；大易集要，頁 35～39，濟南：齊魯書社，1994 年 3 月；易傳與道家思想，頁 232～243，臺北：商務印書館，1994 年 9 月。

93. 王葆玹，帛書繫辭與戰國秦漢道家易學，道家文化研究，第三輯（馬王堆帛書專號），頁 73～88，上海：上海古籍出版社，1993 年 8 月。

94. 陳亞軍，帛書繫辭探源，道家文化研究，第三輯（馬王堆帛書專號），頁 89～103，上海：上海古籍出版社，1993 年 8 月。

95. 黃沛榮，帛書繫辭傳校證，道家文化研究，第三輯（馬王堆帛書專號），頁 104～119，上海：上海古籍出版社，1993 年 8 月。

96. 張立文，帛書繫辭與通行本繫辭的比較，道家文化研究，第三輯（馬王

堆帛書專號），頁 120～132，上海：上海古籍出版社，1993 年 8 月。

97. 廖名春，論帛書繫辭與今本繫辭的關係，道家文化研究，第三輯（馬王堆帛書專號），頁 133～143，上海：上海古籍出版社，1993 年 8 月。

98. 王博，從帛書易傳看今本繫辭的形成過程，道家文化研究，第三輯（馬王堆帛書專號），頁 144～154，上海：上海古籍出版社，1993 年 8 月。

99. 陳松長，帛書繫辭初探，道家文化研究，第三輯（馬王堆帛書專號），頁 155～164，上海：上海古籍出版社，1993 年 8 月。

100. 李定生，帛書繫辭傳與文子，道家文化研究，第三輯（馬王堆帛書專號），頁 165～167，上海：上海古籍出版社，1993 年 8 月。

101. 陳鼓應，帛書繫辭和帛書黃帝四經，道家文化研究，第三輯（馬王堆帛書專號），頁 168～180，上海：上海古籍出版社，1993 年 8 月；周易研究，1993 年第 4 期，頁 1～8，1993 年 12 月；易傳與道家思想，頁 214～231，臺北：商務印書館，1994 年 9 月。

102. 王葆玹，帛書周易所屬的文化地域及其與西漢經學一些流派的關係，道家文化研究，第三輯（馬王堆帛書專號），頁 181～189，上海：上海古籍出版社，1993 年 8 月。

103. 廖名春，帛書「二三子問」簡說，道家文化研究，第三輯（馬王堆帛書專號），頁 190～195，上海：上海古籍出版社，1993 年 8 月。

104. 廖名春，帛書「易之義」簡說，道家文化研究，第三輯（馬王堆帛書專號），頁 196～201，上海：上海古籍出版社，1993 年 8 月。

105. 廖名春，帛書「要」簡說，道家文化研究，第三輯（馬王堆帛書專號），頁 202～206，上海：上海古籍出版社，1993 年 8 月。

106. 廖名春，帛書「繆和」、「昭力」簡說，道家文化研究，第三輯（馬王堆帛書專號），頁 207～215，上海：上海古籍出版社，1993 年 8 月。

107. 陳鼓應，繆和、昭力中的老學與黃老思想之關係，道家文化研究，第三輯（馬王堆帛書專號），頁 216～222，上海：上海古籍出版社，1993 年 8 月；易傳與道家思想，頁 272～281，臺北：商務印書館，1994 年 9 月。

108. 邢文，帛書周易與卦氣說，道家文化研究，第三輯（馬王堆帛書專號），頁 317～329，上海：上海古籍出版社，1993 年 8 月。

109. 陳松長，帛書繫辭釋文，道家文化研究，第三輯（馬王堆帛書專號），頁 416～423，上海：上海古籍出版社，1993 年 8 月。

110. 陳松長、廖名春，帛書「二三子問」、「易之義」、「要」釋文，道家文化研究，第三輯（馬王堆帛書專號），頁 424～435，上海：上海古籍出版社，1993 年 8 月。

111. 王少聞，《馬王堆漢墓文物》述評，道家文化研究，第三輯（馬王堆帛書專號），頁 436～437，上海：上海古籍出版社，1993 年 8 月。

112. 李學勤，帛書易傳及繫辭的年代，中國哲學，第 16 輯，頁 1～8，長沙：嶽麓書社，1993 年 9 月；簡帛佚籍與學術史，頁 262～268，臺北：時報文化出版公司，1994 年 12 月。

113. 陳鼓應，也談帛書繫辭的學派性質，哲學研究，1993 年第 9 期，頁 58～60，1993 年 9 月；易傳與道家思想，頁 298～304，臺北：商務印書館，1994 年 9 月。

114. 朱伯崑，易學研究中的若干問題，中國文哲研究通訊，第 3 卷第 3 期，1993 年 9 月。

115. 周世榮，馬王堆帛書《周易》——兼談湖南出土的八卦紋銅鏡，李學勤主編，簡帛研究，第 1 輯，1993 年 10 月。

116. 伊東倫厚，讀易私記，中國哲學（北海道大學），第 22 輯，1993 年 10 月。

117. 廖名春，帛書繫辭釋文再補，周易研究，1993 年第 4 期，頁 9～11 轉頁 32，1993 年 12 月。

118. 陳鼓應，帛書《繫辭》和帛書《黃帝四經》，周易研究，1993 年第 4 期，1993 年 12 月。

119. 周玉山，易學文獻原論（一）（二）（三）（四），周易研究，1993 年第 4 期，1994 年第 1 期，第 2 期，第 3 期，1993 年 12 月，1994 年 3 月，6 月，9 月。

120. 李零，馬王堆帛書和雙古堆漢簡中的兩種《周易》，李零，中國方術考，北京：人民中國出版社，1993 年 12 月。

121. 廖名春，帛書《繫辭》祖本有無「大衍之數」章考，中國文化，第 9 輯，1993 年。

122. 廖名春，論帛書易傳與帛書易經的關係，孔子研究，1994 年第 4 期，頁 40～47，1994 年 1 月。

123. 嚴靈峰，馬王堆帛書繫辭傳殘本全文的剖析，中國哲學史，1994 年第 1 期，頁 3～19，1994 年 1 月；大易集要，頁 1～9，濟南：齊魯書社，1994 年 3 月。

124. 廖名春，「大衍之數」章與帛書繫辭，中國文化，第 9 期，頁 37～41，1994 年 2 月；馬王堆漢墓研究論文集——1992 年馬王堆漢墓國際學術討論會論文選，頁 39～45，長沙：湖南出版社，1994 年 5 月。

125. 陳松長，「二三子問」初論，馬王堆漢墓研究論文集——1992 年馬王堆漢墓國際學術討論會論文選，頁 46～52，長沙：湖南出版社，1994 年 5 月。

126. 帛書，「二三子問」圖版，馬王堆漢墓研究論文集——1992 年馬王堆漢墓國際學術討論會論文選，圖版貳、參、肆、伍，長沙：湖南出版社，

1994 年 5 月。

127. 李學勤，帛書周易的幾點研究，文物，1994 年第 1 期，頁 44～49，1994
年 1 月；簡帛佚籍與學術史，頁 252～261，臺北：時報文化出版公司，
1994 年 12 月。

128. 陳來，馬王堆帛書易傳及孔門易學，哲學與文化（臺灣），第 21 卷第 2
期，頁 150～168，1994 年 2 月；國際研究，第二卷，頁 51～75，北京：
北京大學出版社，1994 年 7 月。

129. 池田知久，馬王堆漢墓帛書要篇の研究，東洋文化研究所紀要（日本東
京大學），第 123 冊，1994 年 2 月；馬王堆漢墓帛書周易之「要」篇研
究（牛建科譯），周易研究，1995 年第 2 期，頁 27～34，1995 年。

130. 陳亞軍，通行本《易經》卦畫卦形問題回顧與展望，原學，第 1 輯，1994
年 2 月。

131. 王葆玹，道家陰陽剛柔說與《繫辭》作者問題，陳鼓應主編，道家文化
研究，第 4 輯，上海：上海古籍出版社，1994 年 3 月。

132. 劉大鈞，帛書《易經》異文校釋——《鍵》至《禮》，大易集要，頁 10
～15，濟南：齊魯書社，1994 年 3 月；周易研究，1994 年第 2 期，頁 1
～5，1994 年 6 月。

133. 廖名春，帛書易傳引易考，大易集要，頁 16～24，濟南：齊魯書社，1994
年 3 月；漢學研究（臺灣），第 12 卷第 2 期，頁 333～344，1994 年 12
月；帛書《易傳》初探，頁 183～200，臺北：文史哲出版社，1998 年
11 月。

134. 鄧球柏，《周易》新論，大易集要，頁 61～68，濟南：齊魯書社，1994
年 3 月。

135. 廖名春，帛書釋「要」，中國文化，第 10 期，頁 63～76，1994 年 8 月；
帛書《要》試釋，帛書《易傳》初探，頁 123～154，臺北：文史哲出版
社，1998 年 11 月。

136. 王葆玹，繫辭帛書本與通行本的關係及其學派問題：兼答廖名春先生，
哲學研究，1994 年第 4 期，頁 47～54 轉 62，1994 年 4 月。

137. 饒宗頤，帛書繫辭傳「太恒」說，馬王堆漢墓研究論文集——1992 年馬
王堆漢墓國際學術討論會論文選，頁 27～35，長沙：湖南出版社，1994
年 5 月。

138. 曹錦炎，馬王堆帛書《易經》札記，馬王堆漢墓研究論文集——1992 年
馬王堆漢墓國際學術討論會論文選，頁 36～38，長沙：湖南出版社，1994
年 5 月。

139. 廖名春，「大衍之數」章與帛書《繫辭》，馬王堆漢墓研究論文集——1992
年馬王堆漢墓國際學術討論會論文選，頁 39～45，長沙：湖南出版社，

1994 年 5 月。

140. 陳松長，馬王堆帛書《二三子問》初論，馬王堆漢墓研究論文集——1992
年馬王堆漢墓國際學術討論會論文選，頁 46～52，長沙：湖南出版社，
1994 年 5 月。

141. 李梅麗，馬王堆漢墓研究論著簡目（1972 年～1992 年），馬王堆漢墓研
究論文集——1992 年馬王堆漢墓國際學術討論會論文選，頁 335～369，
長沙：湖南出版社，1994 年 5 月。

142. 王葆玹，學院派易學的形成和演變，王葆玹，西漢經學源流，臺北：東
大圖書公司，404 頁，1994 年 6 月。

143. 任俊華，宮的分別字與《周易》爻辭新解，周易研究，1994 年第 2 期，
1994 年 6 月。

144. 嚴靈峰，馬王堆帛書易經中孔子贊易和「說卦」，大陸雜誌（臺灣），第
89 卷第 1 期，頁 1～3，1994 年 7 月。

145. 嚴靈峰，馬王堆帛書易經斠理，臺北：文史哲出版社，268 頁，1994 年
7 月。

146. 近藤浩之，馬王堆漢墓帛書《周易》研究概說（上）——帛書《周易》
研究二十年の動向，中國哲學研究（日本），第八號，70 頁，1994 年 7
月；帛書《周易》的整理過程及其編目（曹學群譯），簡帛研究譯叢，
第一輯，頁 127～141，長沙：湖南出版社，1996 年 6 月。

147. 劉大鈞，帛書《易經》異文校釋，周易研究，1994 年第 3 期，1994 年 9
月。

148. 鄧立光，從帛書易傳看孔子之易教及其象數，周易研究，1994 年第 3 期，
頁 20～29，1994 年 9 月。

149. 廖名春，先天卦位探源，國際青年易學通訊，第 4 期，頁 2，1994 年 9
月。

150. 任俊華，「譚而避咎」小議，國際青年易學通訊，第 4 期，頁 3，1994
年 9 月。

151. 陳鼓應，帛書繫辭與今本繫辭——再論帛書易傳爲道家之傳本，易傳與
道家思想，頁 183～213，臺北：商務印書館，1994 年 9 月。

152. 陳鼓應，二三子問、易之義、要的撰作年代以及其中的黃老思想，易傳
與道家思想，頁 247～271，臺北：商務印書館，1994 年 9 月；國際易
學研究，第一輯，頁 89～106，北京：華夏出版社，1995 年 1 月。

153. 李學勤，帛書「要」篇及其學術史意義，中國史學，1994 年第 10 期，
頁 81～88，1994 年 10 月。

154. 廖名春，帛書《周易》經傳述論，名家談易，頁 413～435，北京：美芝
靈國際易學研究院，1994 年。

155. 吾妻重二,《易》の成立とその原理,しにか（特集,易の思想）,1994年第 11 期,1994 年 11 月。

156. 李學勤,《易緯‧乾鑿度》的幾點研究——兼論帛書《周易》與漢易的關係,清華漢學研究,第 1 輯,1994 年 11 月。

157. 李學勤,從《要》篇看孔子與《易》,簡帛佚籍與學術史,頁 269～275,臺北：時報文化出版公司,1994 年 12 月；簡帛佚籍與學術史,頁 259～265,南昌：江西教育出版社,2001 年 9 月。

158. 鄧球柏,論易道與天道、地道、人道合一,湘潭大學學報（社科版）,1994 年第 4 期,1994 年 11 月。

159. 廖名春,論帛書《易傳》與帛書《易經》的關係,孔子研究,1994 年第 4 期,1994 年 12 月。

160. 廖名春,帛書《二三子》釋文,國際易學研究,第一輯,頁 7～12,北京：華夏出版社,1995 年 1 月。

161. 廖名春,帛書《繫辭》釋文,國際易學研究,第一輯,頁 13～19,北京：華夏出版社,1995 年 1 月。

162. 廖名春,帛書《易之義》釋文,國際易學研究,第一輯,頁 20～25,北京：華夏出版社,1995 年 1 月。

163. 廖名春,帛書《要》釋文,國際易學研究,第一輯,頁 26～29,北京：華夏出版社,1995 年 1 月。

164. 廖名春,帛書《繆和》釋文,國際易學研究,第一輯,頁 30～37,北京：華夏出版社,1995 年 1 月。

165. 廖名春,帛書《昭力》釋文,國際易學研究,第一輯,頁 38～39,北京：華夏出版社,1995 年 1 月。

166. 池田知久,帛書《要》釋文,國際易學研究,第一輯,頁 40～45,北京：華夏出版社,1995 年 1 月。

167. 嚴靈峰,有關帛書易傳的幾個問題,國際易學研究,第一輯,頁 46～54,北京：華夏出版社,1995 年 1 月。

168. 朱伯崑,帛書易傳研究中的幾個問題,國際易學研究,第一輯,頁 55～61,北京：華夏出版社,1995 年 1 月。

169. 李學勤,帛書《易傳》與《易經》的作者,國際易學研究,第一輯,頁 62～66,北京：華夏出版社,1995 年 1 月。

170. 張立文,帛書《易傳》的時代與人文精神,國際易學研究,第一輯,頁 67～88,北京：華夏出版社,1995 年 1 月。

171. 王德有,易儒道三家主旨辨——就繫辭帛書本辨易儒道之異同,國際易學研究,第一輯,頁 107～119,北京：華夏出版社,1995 年 1 月。

172. 鄭萬耕,帛書《易傳》散議,國際易學研究,第一輯,頁 120～139,北

京：華夏出版社，1995 年 1 月。

173. 廖名春，帛書《繫辭》與今本《繫辭》的關係及學派性質問題續論，國際易學研究，第一輯，頁 140～155，北京：華夏出版社，1995 年 1 月。

174. 池田知久，《馬王堆漢墓帛書周易》要篇の思想，東洋文化研究所紀要（日本東京大學），第 126 冊，1995 年 1 月；馬王堆漢墓帛書周易要篇的成書年代（陳建初譯），簡帛研究譯叢，第一輯，頁 111～126，長沙：湖南出版社，1996 年 6 月。

175. 鄧球柏，白話帛書易經，長沙：嶽麓書社，346 頁，1995 年 1 月。

176. 廖名春，帛書《易之義》與先天卦位說，張其成主編，易醫文化與應用，頁 271～278，北京：華夏出版社，1995 年 3 月。

177. 鄧立光，從帛書《易傳》證知並重構孔子之哲學思想，廣州：第一屆國際易學與當代文明研討會論文，35 頁，1995 年 1 月。

178. 嚴靈峰，無求備齋易學論集，388 頁，北京：中國社會科學出版社，1995 年 1 月。

179. 廖名春，馬王堆帛書《周易》經傳釋文，續修四庫全書經部易類，第一冊，頁 1～56，上海：上海古籍出版社，1995 年。

180. 邢文，儒學與周易——馬王堆帛書研究的視角，中國社會科學院研究生院學報，1995 年第 2 期，頁 40～44，1995 年 3 月。

181. 廖名春，帛書易傳概論，易學心知，頁 1～14，北京：華夏出版社，1995 年 5 月。

182. 謝寶笙，從馬王堆帛書《要》篇追尋《易經》的原著精神，易學心知，頁 15～29，北京：華夏出版社，1995 年 5 月。

183. 王新春，《易》中「九」、「六」由來蠡測，易學心知，頁 42～53，北京：華夏出版社，1995 年 5 月。

184. 張其成，國際易學思維與現代文明研討會綜述，周易研究，1995 年第 2 期，1995 年 6 月。

185. 魏啓鵬，帛書《繫辭》駢枝，道家文化研究，第六輯，頁 293～303，上海：上海古籍出版社，1995 年 6 月。

186. 陳松長，帛書《繫辭》校勘札記，道家文化研究，第六輯，頁 304～309，上海：上海古籍出版社，1995 年 6 月。

187. 朱伯崑，帛書本《易》說讀後，道家文化研究，第六輯，頁 310～319，上海：上海古籍出版社，1995 年 6 月。

188. 王博，《要》篇略論，道家文化研究，第六輯，頁 320～328，上海：上海古籍出版社，1995 年 6 月。

189. 劉昭瑞，論《易》之名「易」——兼談帛書《要》篇，道家文化研究，第六輯，頁 329～335，上海：上海古籍出版社，1995 年 6 月。

190. 邢文,《鶡冠子》與帛書《要》,道家文化研究,第六輯,頁 336～349,上海:上海古籍出版社,1995 年 6 月。

191. 王葆玹,帛書《要》與《易之義》的撰作時代及其與《繫辭》的關係,道家文化研究,第六輯,頁 350～365,上海:上海古籍出版社,1995 年 6 月。

192. 陳松長,馬王堆帛書《謬和》《昭力》釋文,道家文化研究,第六輯,頁 367～380,上海:上海古籍出版社,1995 年 6 月。

193. 張善文,論帛書《周易》的文獻價值,臺北:第二屆海峽兩岸《周易》學術研討會論文,20 頁,1995 年 6 月。

194. 謝寶笙,易經與孔子的蟬蛻龍變,北京:華夏出版社,181 頁,1995 年 7 月。

195. 任俊華,馬王堆帛書《周易》「竆」字揭謎,謝寶笙,易經與孔子的蟬蛻龍變,北京:華夏出版社,1995 年 7 月。

196. 連劭名,論太極與太恒,周易研究,1995 年第 3 期,頁 10～24,1995 年 8 月。

197. 林忠軍,近十年大陸易學研究述評,文史哲,1995 年第 5 期,1995 年 9 月。

198. 廖名春,帛書《易傳》象數說探微,漢學研究(臺灣),第 13 卷第 2 期(總第 26 號),頁 37～46,1995 年 12 月;帛書《易傳》初探,頁 201～215,臺北:文史哲出版社,1998 年 11 月。

199. 廖名春,關於帛書易傳的研究,傳統文化與現代化,1995 年第 6 期,頁 40～47,1995 年 12 月。

200. 廖名春,試論孔子易學觀的轉變,孔子研究,1995 年第 4 期,頁 25～29 轉 59,1995 年 12 月。

201. 黃琪莉,帛書《周易》研究現狀概述(附錄:帛書《周易》研究論著目錄),中國文哲研究通訊(臺灣),第 5 卷第 4 期,頁 95～117,1995 年 12 月。

202. 邢文,帛書周易與古代學術,中國社會科學院博士學位論文,188 頁,1995 年 12 月。

203. 陳松長,帛書周易研究綜述,中國文化月刊(臺灣),第 193 期,頁 20～36,1995 年。

204. 伊東倫厚,讀易私記又續,中國哲學(北海道大學),第 24 輯,1995 年 12 月。

205. 林義正,論《周易》與孔子晚年思想的關係,哲學評論(臺灣),第 19 期,頁 79～126,1996 年 1 月。

206. 伊東倫厚,讀易私記續,中村璋八博士古稀紀念東洋學論集,1996 年 1

月。

207. 廖名春，《論語》「五十以學易」章新證，中國文化研究，1996 年春之卷（總 11 期），頁 25～28，1996 年 2 月。

208. 劉大鈞，關於「圖」「書」及今本與帛本卦序之探索，象數易學研究（一），頁 1～23，濟南：齊魯書社，1996 年 2 月。

209. 廖名春，帛書《易傳》象數易學考釋，象數易學研究（一），頁 24～34，濟南：齊魯書社，1996 年 2 月。

210. 李仕澂，也談「先天卦位」與「帛書卦位」，象數易學研究（一），頁 35～50，濟南：齊魯書社，1996 年 2 月。

211. 池田知久，易傳の道器會——帛書易傳繫辭篇と通行本繫辭上傳，老莊思想，日本：放送大學教育振興會，1996 年 3 月。

212. 廖名春，關於帛書《易傳》整理過程中的一些問題，鵝湖（臺灣），1996 年第 3 期（總 249 期），頁 16～21，1996 年 3 月。

213. 廖名春，從先秦秦漢文獻論《周易》本經的作者問題，孔孟學報（臺灣），第 71 期，頁 65～75，1996 年 3 月。

214. 王葆玹，儒家學院派《易》學的起源和演變——兼論中國文化傳統的問題，哲學研究，1996 年第 3 期，頁 54～64，1996 年 3 月。

215. 邢文，沈有鼎先生卦序論——兼論帛書《周易》的卦序特徵，中國哲學，第 17 輯，1996 年 3 月。

216. 廖名春，從帛書《易傳》論先天卦位的起源，金景芳九五誕辰紀念文集，頁 391～405，長春：吉林文史出版社，1996 年 4 月。

217. 呂紹綱，《繫辭傳》屬儒不屬道論，國際易學研究，第二輯，頁 257～276，北京：華夏出版社，1996 年 4 月。

218. 王博，從帛書《繆和篇》到《淮南子·繆稱訓》——關於穆生易學的一種推測，國際易學研究，第二輯，頁 277～287，北京：華夏出版社，1996 年 4 月。

219. 王葆玹，再論《繫辭》太極與大衍之數諸問題——兼答廖名春先生，國際易學研究，第二輯，頁 288～305，北京：華夏出版社，1996 年 4 月。

220. 連劭名，帛書《周易·泰蓄》與《逸周書·大聚》，周易研究，1996 年第 2 期，1996 年 5 月。

221. 陳松長，再論帛書《易傳》整理過程之問題，鵝湖（臺灣），1996 年第 7 期（總 253 期），頁 33～34，1996 年 7 月。

222. 方向東，評帛書《易經》研究的兩種傾向，周易研究，1996 年第 3 期，1996 年 8 月。

223. 鄧球柏，帛書周易校釋（增訂本），長沙：湖南出版社，1996 年 8 月。

224. 魏啓鵬，帛書《易傳》管窺，李學勤主編，簡帛研究，第 2 輯，北京：
法律出版社，1996 年 9 月。

225. 邢文，帛書《周易》的成書分析，傳統文化與現代化，1996 年第 3 期，
頁 50～54，1996 年 9 月。

226. 廖名春，《說卦》新證，中國文哲研究通訊（臺灣），第六卷第 3 期，頁
137～149，1996 年 9 月。

227. 梁敢雄，大衍之數與天地之數考辨——兼論大衍筮法的建構、著作時代
及其學派歸屬，鄂東易學通訊，總第 4 期，頁 12～14 轉 16，1996 年秋。

228. 張立文，帛書《易傳》的人文精神，國際儒學研究，第二輯，頁 189～
207，北京：中國社會科學出版社，1996 年 10 月。

229. 廖名春，《尚書》始稱新證，文獻，1996 年第 4 期（總第 70 期），頁 152
～156，1996 年 10 月。

230. 歐陽紅，帛書序與中天陣，歐陽紅，易圖新辯，長沙：湖南文藝出版社，
1996 年 10 月。

231. 近藤浩之，馬王堆漢墓關係論著目錄，中國出土資料研究（日本），創
刊號，頁 200～251，1997 年 3 月。

232. 廖名春，周易說卦傳錯簡說新考，周易研究，1997 年第 2 期，頁 33～
41，1997 年 5 月。

233. 林亨錫，漢前周易易傳佚篇之研究——以帛書《繆和》、《昭力》爲中心，
北京：清華大學碩士學位論文，64 頁，1997 年 5 月；西安：第二屆國
際易學與當代文明研討會論文，1997 年 10 月。

234. 謝寶笙，讀馬王堆帛書《要》篇談《易經》的若干問題，船山學刊，1997
年第 2 期，頁 94～98。

235. 郭沂，孔子學易考論，北京：第三屆海峽兩岸周易學術研討會論文，1997
年 7 月；郭店楚簡與先秦學術思想，頁 267～278，上海：上海教育出版
社，2001 年 2 月。

236. 鄧立光，從帛書易傳證知孔子說易引用古熟語，周易研究，1997 年第 3
期，頁 1～5，1997 年 8 月。

237. 郭沂，從早期《易傳》到孔子易說——重新檢討《易傳》成書問題，國
際易學研究，第三輯，頁 129～159，北京：華夏出版社，1997 年 8 月；
郭店楚簡與先秦學術思想，頁 279～332，上海：上海教育出版社，2001
年 2 月。

238. 貝克定，分段與結構分析帛書易傳，西安：第二屆國際易學與當代文明
研討會論文，18 頁，1997 年 10 月；

239. 近藤浩之，《帛書易傳》二三子篇的龍，西安：第二屆國際易學與當代
文明研討會論文，3 頁，1997 年 10 月；國際易學研究，第四輯，頁 386

～390，北京：華夏出版社，1998 年 5 月。

240. 廖名春，《周易》經傳與易學史新論，西北大學博士後研究工作報告，121 頁，1997 年 10 月。

241. 廖名春《馬王堆帛書周易經傳釋文》，《易學集成》（三），成都：四川大學出版社，1998 年。

242. 王博，帛書《繫辭》的年代與道論，道家文化研究，第 12 輯，頁 174～191，北京：三聯書店，1998 年 1 月。

243. 尹振環，由帛書《易之義》看《易》《老》之關係，道家文化研究，第 12 輯，頁 120～129，北京：三聯書店，1998 年 1 月。

244. 邢文，論帛書《周易》的篇名與結構，考古，1998 年第 2 期，頁 64～66，1998 年 2 月。

245. 趙士孝、劉懷惠，從帛《易》「子曰」看孔子晚年的哲學思想，周易研究，1998 年第 1 期，頁 50～59 轉 79，1998 年 3 月。

246. 楊慶中，論二十世紀中國的易學研究，國際易學研究，第四輯，頁 205～230，北京：華夏出版社，1998 年 5 月。

247. 林亨錫，帛書易傳《繆和》篇的思想，國際易學研究，第四輯，頁 373～385，北京：華夏出版社，1998 年 5 月。

248. 貝克定，帛書易傳之分段與結構分析，國際易學研究，第四輯，頁 391～402，北京：華夏出版社，1998 年 5 月。

249. 廖名春，帛書《易傳》初探，326 頁，臺北：文史哲出版社，1998 年 11 月。

250. 廖名春，《周易》乾坤兩卦卦爻辭五考，周易研究，1999 年第 1 期，頁 38～49，1999 年 2 月。

251. 廖名春，《周易》乾坤兩卦卦爻辭新解，古漢語研究，1999 年第 2 期，頁 29～33，1999 年 6 月；《周易》經傳與易學史新論，頁 3～25，濟南：齊魯書社，2001 年 8 月。

252. 李伯聰，論「同途殊歸」，文史哲，1999 年第 4 期，頁 19～25，1999 年 7 月。

253. 陳鼓應、趙建偉，周易注釋與研究，臺灣商務印書館，1999 年 7 月，745 頁。

254. 廖名春，帛書《二三子》《要》校釋五則，國際易學研究，第 5 輯，頁 34～49，北京：華夏出版社，1999 年 9 月。

255. 陳來，帛書易傳與先秦儒家易學之分派，周易研究，1999 年第 4 期，頁 6～13，1999 年 11 月。

256. 趙建偉，出土簡帛周易疏證，317 頁，臺北：萬卷樓圖書有限公司，2000 年 1 月。

257. 楊慶中，帛書《周易》研究，二十世紀中國易學史，頁 361～389，北京：人民出版社，2000 年 2 月。

258. 鄧立光，從帛書《易傳》析述孔子晚年的學術思想，周易研究，2000 年第 3 期，頁 11～20，2000 年 8 月。

259. 裘錫圭，帛書《要》篇釋文校記，道家文化研究，第十八輯，頁 279～310，北京：生活・讀書・新知三聯書店出版社，2000 年 8 月。

260. 陳松長，帛書《易傳》整理的幾個問題，道家文化研究，第十八輯，頁 279～310，北京：生活・讀書・新知三聯書店出版社，2000 年 8 月。

261. 邢文，「損益」與「君道」，道家文化研究，第十八輯，頁 316～334，北京：生活・讀書・新知三聯書店出版社，2000 年 8 月。

262. 邢文，君道：「天、地、民、神、時」的視角——從帛書《周易》五行說看《要》篇君道之論，道家文化研究，第十八輯，頁 336～347，北京：生活・讀書・新知三聯書店出版社，2000 年 8 月。

263. 夏含夷，帛書《繫辭傳》的編纂，道家文化研究，第十八輯，頁 371～381，北京：生活・讀書・新知三聯書店出版社，2000 年 8 月。

264. 李伯聰，從「要」這個概念看儒道分野及儒道互滲——兼論易學研究的方法論問題，周易研究，2000 年第 4 期，頁 27～34 轉 57，2000 年 11 月。

265. 郭沂，孔子學易考論，郭店楚簡與先秦學術思想，上海：上海教育出版社，2001 年 2 月。

266. 廖名春，從郭店楚簡和馬王堆帛書論「晚書」的眞僞，北方論叢，2001 年第 1 期，頁 119～123，2001 年 2 月。

267. 崔永東，帛書《易傳》與帛書《德行》中的預防犯罪思想，政法學刊（中國政法大學學報），2001 年第 2 期，頁 138～146，2001 年 4 月。

268. 胡治洪，帛書《易傳》四篇天人道德觀析論，周易研究，2001 年第 2 期，頁 20～29，2001 年 5 月。

269. 廖伯娥，馬王堆帛書《易之義》校釋與思想研究，學位論文，臺灣師範大學國文研究所，2001 年 6 月。

270. 丁四新，帛書《繆和》《昭力》「子曰」辨，中國哲學史，2001 年第 3 期，頁 100～107，2001 年 8 月。

271. 廖名春，《周易》經傳與易學史新論，379 頁，濟南：齊魯書社，2001 年 8 月。

272. 劉大鈞，帛書《易傳》中的象數易學思想，哲學研究，2001 年第 11 期，頁 47～53，2001 年 11 月。

273. 連劭名，馬王堆帛書《繫辭》研究，周易研究，2001 年第 4 期，頁 9～20，2001 年 11 月。

274. 井海明，簡論帛書《易傳》中的卦氣思想，第三屆海峽兩岸青年易學論文發表會論文集，2001 年 11 月；周易研究，2002 年第 4 期，頁 45～49 轉 54，2002 年 8 月；大易集說，頁 17～22，成都：巴蜀書社，2003 年 6 月。

275. 張麗華，帛書《易之義》的解易思想，第三屆海峽兩岸青年易學論文發表會論文集，2001 年 11 月；大易集說，頁 23～29，成都：巴蜀書社，2003 年 6 月。

276. 丁四新，帛書《繆和》略論，鄖陽師範高等專科學校學報，2002 年第 1 期，頁 135～140，2002 年 2 月。

277. 鄧球柏，帛書周易校釋，655 頁，長沙：湖南出版社，2002 年 6 月。

278. 池田知久，周易與原始儒學，清華大學學報（哲學社會科學版），2002 年第 3 期，頁 73～81，2002 年 6 月。

279. 連劭名，再論馬王堆帛書《繫辭》中的「馬」，周易研究，2002 年第 3 期，頁 35～37，2002 年 6 月。

280. 丁四新，論帛書《繆和》《昭力》的內在分別及其成書過程，周易研究，2002 年第 3 期，頁 44～57，2002 年 6 月。

281. 鄧立光，從帛書《易傳》考察「文言」的實義，周易研究，2002 年第 4 期，頁 40～44，2002 年 8 月。

282. 廖名春，試論帛書《衷》的篇名和字數，周易研究，2002 年第 5 期，頁 3～9，2002 年 10 月。

283. 劉大鈞，周易古義考，中國社會科學，2002 年第 5 期，頁 142～150，2002 年 10 月。

284. 鄧球柏，精誠致一友誼永恆──《周易》損卦六三爻辭試解，哲學研究，2002 年第 11 期，頁 46～49，2002 年 11 月。

285. 程石泉，孔子與易經──馬王堆帛書《易》之經傳中新發現，孔子研究，2002 年第 5 期，頁 85～94，2002 年 10 月。

286. 葛志毅，帛書《周易》「水火相射」小議，管子學刊，2003 年第 1 期，頁 63～65，2003 年 2 月。

287. 林義正，孔子晚年心志蠡測──並為《莫春篇》作一解，周易研究，2003 年第 1 期，頁 8～18，2003 年 2 月。

288. 梁韋弦，釋帛書易傳《要》篇之「六府」「五官」，古籍整理研究學刊，2003 年第 3 期，頁 34～37 轉 15，2003 年 5 月；易學考論，頁 25～34，哈爾濱：黑龍江人民出版社，2005 年 5 月。

289. 劉大鈞，今本、帛本、漢唐本《繫辭》異同考──並論帛本《繫辭》勝於今本《繫辭》，孔子研究，2003 年第 5 期，頁 111～116，2003 年 10 月。

290. 梁韋弦，坤卦卦名說，周易研究，2003 年第 6 期，頁 21～25，2003 年 12 月。

291. 廖名春，出土簡帛叢考，武漢：湖北教育出版社，2004 年 2 月。

292. 朱冠華，讀帛書《要》篇的管見，新出土文獻與古代文明研究，頁 358～375，上海：上海大學出版社，2004 年 4 月。

293. 郭沂，帛書《要》篇考釋，周易研究，2004 年第 4 期，頁 36～56，2004 年 8 月。

294. 李銳，論帛書《二三子問》中的「精白」，周易研究，2004 年第 4 期，頁 57～60，2004 年 8 月。

295. 梁韋弦，坤卦卦辭「西南得朋」「東北喪朋」的解釋及相關問題，古籍整理研究學刊，2004 年第 4 期，頁 49～51，2004 年 7 月。

296. 鄭萬耕，損益兩卦何以深受古人青睞，北京師範大學學報（社會科學版），2004 年第 6 期，頁 82～86，2004 年 11 月。

297. 金春峰，帛書《二三子問》、《要》與孔子，《周易》經傳梳理與郭店楚簡思想新釋，頁 124～136，北京：中國言實出版社，2004 年 11 月。

298. 劉大鈞，今、帛、竹書《周易》疑難卦爻辭及其今、古義辨析（二），周易研究，2004 年第 6 期，頁 3～13，2004 年 12 月。

299. 梁韋弦、王俊超，帛書易傳五篇之間的聯繫及其成書年代問題，吉林師範大學學報（人文社會科學版），2004 年第 6 期，頁 20～22，2004 年 12 月；易學考論，頁 62～69，哈爾濱：黑龍江人民出版社，2005 年 5 月。

300. 梁韋弦，帛書易傳《要》篇透漏出的卦氣知識及其成書年代，齊魯學刊，2005 年第 3 期，頁 34～38，2005 年 5 月。

301. 梁韋弦，《要》篇透漏出的卦氣知識及其成書年代，易學考論，頁 48～56，哈爾濱：黑龍江人民出版社，2005 年 5 月。

302. 梁韋弦，易學考論，哈爾濱：黑龍江人民出版社，348 頁，2005 年 5 月。

303. 梁韋弦，關於帛書《易之義》解說坤卦卦爻辭之文義的辨正，周易研究，2005 年第 3 期，頁 39～43，2005 年 6 月。

304. 劉大鈞，帛《易》源流蠡測，文史哲，2005 年第 4 期，頁 14～18，2005 年 7 月；易學與儒學國際學術研討會論文集（易學卷），主辦：山東大學易學與中國古代哲學研究中心，青島嶗山風景區管理委員會，頁 1～7，2005 年 8 月。

305. 朱冠華，《帛書》與今本《周易》之乾、坤二卦四題，易學與儒學國際學術研討會論文集（易學卷），主辦：山東大學易學與中國古代哲學研究中心，青島嶗山風景區管理委員會，頁 8～24，2005 年 8 月。

306. 丁四新，論帛書《易傳》的陰陽說與乾坤觀（摘要），易學與儒學國際

學術研討會論文集（易學卷），主辦：山東大學易學與中國古代哲學研究中心，青島嶗山風景區管理委員會，頁 25，2005 年 8 月。

307. 楊濟襄，《周易》經傳方位觀念的文化意義與學術價值——兼論〈說卦〉、帛書〈易之義〉及漢代式盤的方位觀，易學與儒學國際學術研討會論文集（易學卷），主辦：山東大學易學與中國古代哲學研究中心，青島嶗山風景區管理委員會，頁 57～71，2005 年 8 月。

308. 劉大鈞，今、帛、竹書《周易》綜考，上海：上海古籍出版社，274 頁，2005 年 8 月。

309. 梁韋弦，由馬王堆帛書易傳看古書形成的複雜性，易學考論，頁 69～77，哈爾濱：黑龍江人民出版社，2005 年 5 月；古籍整理研究學刊，2005 年第 6 期，頁 5～8，2005 年 11 月。

310. 宋立林，帛書《繆和》《昭力》中「子」爲孔子考，周易研究，2005 年第 6 期，頁 17～21，2005 年 12 月。

311. 李學勤，周易溯源，431 頁，成都：四川出版集團巴蜀書社，2006 年 1 月。

312. 劉震，今、帛本《乾》卦卦義考，中國哲學史，2006 年第 2 期，2006 年 6 月。

313. 宋立林，孔子易教思想研究，曲阜師範大學碩士論文，2006 年 7 月。

314. 黃海嘯，《周易研究》之出土易學文獻研究綜述，周易研究，2006 年第 4 期，頁 49～53，2006 年 8 月。

315. 丁四新，《易傳》類帛書零劄九則，《周易》經傳與研究學術研討會論文集，7 頁，主辦：山東大學易學與中國古代哲學研究中心，2006 年 11 月 30 日～12 月 2 日；周易研究，2007 年第 2 期，頁 3～11，2007 年 4 月。

316. 劉彬，帛書易傳《要》篇「五正」考釋，《周易》經傳與研究學術研討會論文，7 頁，主辦：山東大學易學與中國古代哲學研究中心，2006 年 11 月 30 日～12 月 2 日；周易研究，2007 年第 2 期，頁 12～18，2007 年 4 月。

317. 劉大鈞，讀帛書《繆和》篇，《周易》經傳與研究學術研討會論文，4 頁，主辦：山東大學易學與中國古代哲學研究中心，2006 年 11 月 30 日～12 月 2 日；周易研究，2007 年第 4 期，頁 3～6，2007 年 8 月。

318. 林忠軍，從帛書《易傳》看孔子易學解釋及其轉向，《周易》經傳與研究學術研討會論文，6 頁，主辦：山東大學易學與中國古代哲學研究中心，2006 年 11 月 30 日～12 月 2 日；北京大學學報（哲學社會科學版），2007 年第 3 期，頁 86～91，2007 年 5 月。

319. 曹峰，由《繆和》《昭力》的特殊性談其失傳的歷史原因，《周易》經傳

與研究學術研討會論文，6 頁，主辦：山東大學易學與中國古代哲學研究中心，2006 年 11 月 30 日～12 月 2 日。

320. 劉震，帛書《昭力》易學觀初探，周易研究，2007 年第 2 期，頁 19～23，2007 年 4 月。

321. 劉震，論《恒》卦──以帛書《易傳》爲例，孔子研究，2007 年第 3 期，頁 16～20，2007 年 5 月。

322. 王瑩，帛書《易之義》鍵川、陰陽、剛柔、文武思想合論，周易研究，2007 年第 3 期，頁 17～21，2007 年 6 月。

323. 劉震，帛書《易傳》卦爻辭研究，山東大學博士論文，2007 年 7 月。

324. 劉彬，子夏與《歸藏》關係初探──兼及帛書《易經》卦序的來源，孔子研究，2007 年第 4 期，頁 90～97，2007 年 8 月。

325. 劉彬，帛書《要》篇「損益」章校釋，周易研究，2008 年第 2 期，頁 23～33，2008 年 4 月。

326. 劉彬，論帛書《要》篇「損益說」的兩個問題，中國哲學史，2008 年第 2 期，頁 17～20，2008 年 5 月。

後 記

　　2006 年 6 月，本人有幸進入清華大學哲學博士後流動站，在合作導師廖名春教授的指導下，進行馬王堆帛書《周易》經傳的研究。至 2008 年 6 月，經過兩年的科研工作，完成了本博士後研究報告。

　　本報告的完成首先要感謝合作導師廖名春先生。本人研究生期間學習的是象數易學，博士論文也是關於象數易學方面的，對文字訓詁的小學基本不懂。但在易學研究中，本人深感研究古代易學，特別是研究出土易學文獻，文字訓詁方面的研究是前提性的，也是非常專業的，需要下大工夫專門進行。廖先生對易學和文字訓詁兩方面都很精通，恰是我尋找的導師。蒙廖先生不棄，有兩年的時間在清華大學這個清幽的校園跟從先生學習，對本人是一大幸事。

　　本報告的完成要感謝李學勤先生、北京大學的李家浩先生和張渭毅先生。本書在選題時得到李先生的指導。爲了彌補小學知識的空白，在清華園兩年的時間裏，本人聽了李先生開設的金文課和甲骨學課、北京大學李家浩先生開設的文字學課、張渭毅先生開設的音韻學課，得益良多。對幾位先生的授業之功，本人永遠感念。

　　閆平凡師弟在資料搜集方面給予很多幫助，吳國源師弟在學業方面給予很多啓發，在此表示感謝！

　　本報告於 2008 年 6 月完成，迄今已忽忽六載。翻檢舊作，深感有很多不足，但爲保存原貌，沒有改動。希望得到學界的批評和指正。

劉彬

甲午歲立夏時節

於曲阜師範大學孔子文化研究院